ARTESANO

ALEX SAMPEDRO

e625.com

ARTESANO
Alex Sampedro

Publicada por especialidades625® © 2018
Dallas, Texas Estados Unidos de América.

ISBN 978-1-946707-08-6

Editado por: Virginia Altare
Diseño de portada e interior: Creatorstudio.net

CONTENIDO

A Geraldine, porque crees y creas.

A los que crean, aunque no creen. A los que no creen que pueden crear, pero creen que el Creador les creó.

Porque Él nos hizo y no nosotros a nosotros mismos.

A aquellos que forman parte de la mayor obra de arte de la historia: la gracia.

PRÓLOGO 1
POR LUCAS LEYS

El arte y la fe tienen un romance. Su amor no es repentino y menos fugaz. Se han besado a la luz del día en miles de poesías, canciones, esculturas y pinturas y en las noches han ido más allá y han concebido arquitectura, ingeniería, ciencia, literatura, teología y progreso.

Me emocionan estas páginas. El arte del gran artista no solo se manifiesta en el cielo rojizo de tantas tardes o en las olas turquesas del mar caribe. Ese arte se manifiesta en nosotros, los mayordomos de sus materiales vírgenes, sus pentagramas, sus planos, su teclado y su pincel.

La iglesia deja de ser LA IGLESIA cuando deja de crear porque si ha llegado hasta allí es porque ha dejado de creer. El arte siempre nace de la fe ya que imagina con certeza lo que todavía nadie vio, escuchó, tocó o saboreó y por eso este tema es tan importante y urgente para una iglesia que hoy intenta simplificarse en copias y clonaciones formulistas más propias de la línea de fábrica creadas por la industrialización del consumo que por un artesano detallista que aprecia la belleza de la singularidad.

Alex escribe este libro con pasión y poesía, pero también claridad y precisión para aportar ideas y enriquecer la cosmovisión de aquellos que amamos ser la iglesia de Cristo y morimos de a poco cuando notamos con desesperación cuán mareados estamos los cristianos de hoy entre la fuerza centrípeta de las tradiciones y la centrífuga de las modas.

Estas hojas seducen con la imagen de misioneros de la bondad, la justicia y la belleza. Artesanos de cambio desnutridos de temores y nutridos con la palabra de Dios para responder de manera exuberante a la compleja gama de necesidades humanas del mundo de hoy.

No es ambicioso decir que este libro es una obra de arte. ¡Muchas gracias Alex por este regalo de inspiración, belleza, misión, sanidad y fe!

Lucas Leys
Escritor y fundador de e625

PRÓLOGO 2
POR MARCOS VIDAL

"Mientras la tierra permanezca, no cesarán la sementera y la siega, el frío y el calor, el verano y el invierno, y el día y la noche" (Génesis 8.22). Es una frase que Dios se dijo a sí mismo tras el diluvio universal y que, hasta hoy, persiste como una de sus maravillosas promesas.

La afirmación puede ser vista como una cárcel que nos mantiene presos en un ciclo permanente y tedioso de siembra-cosecha, día-noche, frío-calor, verano-invierno...

Eso cansa, aburre y deprime.

Pero podemos también verla como una oportunidad ilusionante, porque dentro del ciclo repetitivo de la vida hay auténticos prodigios vivientes, seres vivos únicos y bellísimos que traen consigo el regalo divino de la creatividad. Tienen la capacidad de enriquecer este mundo cíclico y machacón, con una visión absolutamente personal de su propia vivencia.

Para hacerlo, es posible que necesiten vencer algunos obstáculos... Pero cuando lo logran nos sorprenden, porque vienen con una lectura distinta nunca antes escuchada ni vista.

Es arte. Y es, sin duda alguna, un milagro.

Los hijos de Dios deberíamos ser los más entusiastas y atrevidos a la hora de descubrir, explorar y dar a conocer este regalo en medio de nuestro mundo, proponiéndonos influenciar a la sociedad en todas las esferas posibles del arte. Sin embargo, pareciera que hemos retrocedido y descuidado bastante esta responsabilidad, creyendo erróneamente que ciertas expresiones artísticas son más santas o más profanas que otras y creando conceptos de santidad asociados a ciertos estilos. Y, aunque cada caso debería ser seguido en particular, la capacidad creadora es un regalo original que Dios ha dado a cada uno, en diferentes dosis y con diferentes énfasis. Todos tenemos la responsabilidad de ser nosotros mismos, porque no hay en el mundo un ser igual a otro, y lo que nos fue entregado tiene el potencial de afectar a los demás.

Si además somos cristianos, la responsabilidad se multiplica porque somos mensajeros del Rey de Reyes en un mundo que le necesita y le busca sin saberlo. Somos faros en medio de la tempestad. Nuestra luz no puede ni debe esconderse. Eso sí, nos toca mantener limpios los cristales, y cuidar y dirigir el fuego correctamente.

Creo que estas páginas pueden alimentar ese fuego o volver a encenderlo. Es necesario un libro como este que nos haga cuestionar ciertos conceptos mal entendidos, o mal aprendidos, acerca de la naturaleza, origen y propósito del arte. En esto de las artes, la iglesia contemporánea precisa ocupar su lugar en el mundo mirando, como dice Alex, en muchas más direcciones que solo hacia dentro. Necesitamos volver a abrazar la Gran Comisión también en este territorio, y no esconder la luz dentro de nuestros templos creando una "subcultura" paralela a la de nuestra sociedad, sin tocarnos jamás con ella por temor a contaminarnos. No es tarea fácil, pero tendremos que recorrer este camino. Y de paso diré que la generación joven que tenemos hoy dentro de nuestras iglesias es la generación con más talento que yo he visto nunca.

Alex Sampedro tiene la capacidad de sorprenderme. Estoy convencido de que lo que hace es arte. Tras años componiendo y muy familiarizado con el mundo del arte, muy pocas cosas logran ya sorprenderme. No sé si eso es bueno o malo, pero debo reconocer que pocas expresiones artísticas actuales me hacen sentir escalofríos o me llenan espontáneamente los ojos de lágrimas. Alex lo consigue cuando compone, cuando canta, y también cuando escribe porque siento que precisamente trae cosas que creía saber, pero nunca las había visto u oído así, y expresadas desde su perspectiva me aportan algo nuevo, huelen a tierra mojada y me recuerdan que sigue habiendo primavera, verano, otoño e invierno, y que ese ciclo, por más que sea lo de siempre, nunca es igual, siempre trae formas, sonidos y colores distintos, y eso, señores, es arte.

Pido al Señor que este libro logre su objetivo y guíe a muchos en la difícil tarea de mantener encendida la antorcha del arte-sano.
Gracias Alex.

Marcos Vidal
Pastor y músico

DESDE ADENTRO

Hola, permíteme presentarte las dimensiones y direcciones en las que vamos a movernos para nuestra obra creativa; y si, digo "nuestra" porque la lectura demanda creatividad al igual que la escritura:

I. ADENTRO

Estoy aquí. Soy el autor de este libro y pretendo (de la palabra pretencioso) comunicar ideas desde mis pensamientos a los tuyos. Desde mi mundo.

Es casi magia.

Y sí, pretendo que podamos pensar juntos en una conversación que quiero iniciar contigo. En mi hogar, en mis ideas. Desde quien soy.

Y quiero ser hospitalario.

Si jamás escribiera esto, todo quedaría en mis neuronas. De hecho, jamás mis neuronas hubieran sido conscientes (si es que las neuronas son conscientes) de que eran capaces de redactar estas palabras.

Y es que las tumbas están llenas de ideas que jamás vieron la luz. Qué triste final, ¿Cierto? Así que no pararé de escribir esto.

Nací para hacerlo.

Quiero invitarte a entrar aquí. Todo esto me parece un poco impúdico, es como revelar mis secretos a gente que desconozco. Invitarte a mi casa cuando no he tenido tiempo de limpiarla. Pero he disfrutado tanto con los "desnudos mentales" de otros—"Confesiones", de San Agustín o los Salmos de David—, que no puedo más que intentar imitarles. Y recuerdo siempre, en la cúspide de la historia, a Jesús, desnudo en una cruz. El ser más creativo de la eternidad y de este lado del espacio-tiempo que, incluso siendo Dios, hizo y hace las cosas por otros. Hasta lo más increíble: murió "por nosotros".

Él nos invita a su mundo. Él es muy hospitalario.

El primer artista, el alfa; el último, la omega.

Él es el abecedario con el que escribimos.

En Él vivimos y nos movemos.

Qué genial poder habitar en su obra de arte. No olvidemos que en Él somos. Sí, somos. Nosotros. Cada uno. Y podemos crear desde lo que somos, desde adentro, en el maravilloso universo que ha preparado para nosotros ya que ha dejado un espacio en el que podemos aportar a su obra maestra. Como el artesano que en su taller permite a aprendices de su gremio sumar su talento al lienzo que le han encargado. No solo podemos, sino que debemos crear. Es parte del trabajo al que Jesús nos invita. Si estamos en Él, adentro, debemos florecer. Si la semilla está en la tierra, brota. Si no, queda sola. La tierra le dota de los nutrientes, pero es a través de la interacción de la semilla con la tierra que la semilla puede demostrar todo su potencial.

Tú y yo somos semillas. Puro potencial. Pero debemos enterrarnos. Debemos entrar.

En este mundo donde todo es apariencia, donde en nuestras iglesias locales lo importante parece que es ser como los demás, donde solo se nos demanda no pecar demasiado y dejar el riesgo para aquellos pecadores que se la pueden jugar, Jesús nos invita a ser artesanos de la vida asumiendo lo que somos. Desde adentro.

Otros enfatizan lo externo, pero Dios no. A Él le importa mil millones de veces más lo de adentro porque los sepulcros se pueden blanquear, pero no dejan de ser sepulcros.

La creatividad no puede limitarse a llevar la contraria o a simplemente copiar formas. Si nos quedamos en la superficialidad estaremos condenados a ir siempre al rebufo de la cultura. En segunda posición y dudo mucho que la iglesia haya sido llamada a eso.

En estas páginas espero que puedas encontrar cosas tuyas. Estoy convencido de que Dios quiere que seamos auténticos y creemos (de crear) para Su gloria. La corriente nos ha arrastrado afuera de nosotros, a la superficie, las apariencias, lo estándar, lo repetitivo. La filosofía de Henry Ford, de fabricar coches en cadena, ha inundado hasta nuestra eclesiología, y queremos que todo el mundo pase por el mismo proceso de discipulado para crear cristianos modelo T, o algo así. Pensando igual, hablando igual, y todos con ¡la misma expresión de creatividad! Esto es una contradicción, un oxímoron ¿ok?

La creatividad de Dios puede inundar no solo nuestras canciones y predicaciones. Su multiforme gracia debería verse en las ciencias y las artes, en los oficios humildes, en los estudiantes y los profesionales. Cristianos que son ellos mismos, estén donde estén, y que tienen la libertad de ser santos, es decir, sanos, para expresarse como son y así expresar esa gracia de Dios a la que le encanta manifestarse de maneras tan diferentes. Multiformes.

Para ello debemos escapar de ese sistema y hacer lo que Dios le dijo a Abraham cuando, en Génesis 12, le ordenó que dejara su tierra: "Lej lejá" (en hebreo) que significa "vuelve a ti".

Volvamos a nosotros, adentro, profundicemos en lo que somos. Yo lo voy a hacer en este libro con tal de encontrar al artesano que llevo dentro y que todos llevamos. Esta será mi aportación al collage que Dios quiere en este mundo roto.

No está todo dicho, ni de la Biblia, ni de la vida, ni del arte, ni de las ciencias, ni de la Iglesia, ni de la muerte, ni de la cultura. Podemos seguir escribiendo. Debemos seguir escribiendo. Algunos con pluma y otras con pincel; algunos con fórmulas y otras con tomos de teología; algunos desde la cocina y otras desde el púlpito. Somos artesanos. Dejémonos inspirar, Su Espíritu Santo y sano no está ahí fuera, Él es Dios con nosotros. Es Dios en nosotros.

> NO ESTÁ TODO DICHO, NI DE LA BIBLIA, NI DE LA VIDA, NI DEL ARTE, NI DE LAS CIENCIAS, NI DE LA IGLESIA, NI DE LA MUERTE, NI DE LA CULTURA.

Vayamos adentro entonces. El Dios de la creatividad sigue ahí, esperando.

II. AFUERA

No puedes quedarte adentro. El entorno espera. Somos Ekklesia, llamados afuera, a afectar nuestra cultura como la levadura a la masa. Demasiado tiempo el cristianismo se ha quedado en lo privado, dentro de nosotros, un pequeño "nosotros". Y nuestra creatividad se ha visto limitada exclusivamente a nuestras necesidades personales o eclesiales: cuadros con versículos en las paredes, eslóganes de moda, frases grandilocuentes para nuestros eventos y algún que otro símbolo para nuestra iglesia: un pez, una paloma, una cruz, un libro, un planeta, o todo junto.

Necesitamos nuevas propuestas, no solamente imitar lo de fuera. Un jardín está hecho de elementos de la naturaleza, pero se puede observar la mano del jardinero. No puede ser una imitación de lo silvestre. En ese caso, el jardinero sobra.

Como músico, me niego a asumir que la única manera de hacer arte sea cantar canciones mal llamadas "de alabanza y adoración", usando acordes sencillos (bueno, sencillos no, simplones) con frases demasiado esperadas, demasiado superficiales, con la instrumentación de siempre, sustituyendo el órgano por la rock band (¡oh gran revolución teológica!), sin tener en cuenta la esencia de lo que es en realidad expresarnos delante de Dios, amándole con todo, también con toda nuestra mente y comprensión. Y todo hecho para autoconsumo. Una iglesia "fabricando" productos para ella misma.

Tengo el complejo de mirarme el ombligo, muchos artistas lo tienen. Antes no era así. La humildad del artesano le hacía recordar al artista que trabajaba para Alguien. Hoy en día, entre los artistas, eso parece una aberración.

Vivimos ensimismados. A veces la Iglesia vive así: ha dejado de lado la creatividad por considerarla de los de afuera. Le ha dado la espalda a la sociedad que Dios le ha comisionado a amar. Hemos demonizado cualquier cosa que no sea explícitamente evangélica y hemos perdido el disfrute de la creación, que le pertenece en última instancia a Dios.

Y nos hemos centrado en decir lo correcto, pero no de manera correcta. Y eso es muy grave.

Afuera. Este libro es para la Iglesia, es la diana hacia donde lanzo la flecha. Gente que sabe que tiene algo que hacer, una misión que cumplir en este mundo que no está "como debería estar". Y necesita restauración, es decir, restauradores.

Por eso, los ejemplos serán extraídos de nuestra vida como cristianos del siglo XXI. Si no es tu caso, espero que tengas la creatividad de trasladarlo a tu realidad.

Afuera. Porque nuestra creatividad no puede encerrarse solo para la iglesia, pero la podemos desarrollar desde ella. Necesitamos ser artesanos de la vida, del deporte, en la política y en la biología. Intentaré que quede claro, perdona mi torpeza si no lo consigo. Soy compositor de canciones, y me encanta leer buena literatura, así que hablaré de y desde lo que soy, pero espero que puedas aplicar a tu entorno los principios que descubramos.

Hoy escribo para la Iglesia, quizá también para los que no forman parte aún de ella, pero con la intención de Efesios 4:12 *"...a fin de perfeccionar a los santos [tú] para la obra del ministerio...".* [1]

Que sea como una reunión alrededor de un café si quieres, para que podamos repensar quiénes somos y qué hacer con lo que somos. Ya veremos. Yo lo quiero con leche.

Nunca olvides, si eres estudiante, que tu carrera no es para saber más solamente, sino para servir mejor. Que tus dones ni son tuyos ni son para ti, y que, sea cual sea tu rama del conocimiento, es para transformar afuera. Si no, te pudres.

Hoy, mi afuera eres tú.

III. ARRIBA

Creo en el punto de fuga. Es la única manera de convertir un lienzo de dos dimensiones en un paisaje alucinante con perspectiva. Los pintores lo tienen en cuenta, aunque sea para no hacerle caso, romperlo y hacer un cuadro cubista.

Este mundo ha perdido la perspectiva, su punto de fuga. Ya no somos capaces de ver "más allá". Los antiguos lo llamaban el cielo, una meta hacia donde seguir construyendo.

Porque no tener a dónde ir es claustrofóbico, desesperante, nihilista.

Si todo lo que hay es esta materia, nos encontramos en una prisión llena de átomos. Muy grande, sí, pero una prisión, al fin. Un lugar del cual es difícil escapar. Una vida que termina irremediablemente en la nada. ¿Dónde quedará entonces el arte? ¿Y las ciencias? ¿Los abrazos y las mejores series de televisión?

Si no hay nada más que este lienzo de dos dimensiones, y somos como esos jeroglíficos egipcios, que solo miran a los lados, no hay escapatoria.

Pero yo no soy tan reduccionista. Intento usar la imaginación, regalo divino, y ver en esas dos líneas rectas que comienzan desde abajo separadas pero que se van acercando poco a poco hasta juntarse al final del papel, un camino que se pierde en el horizonte.

Arriba.

---

1 -RVR95

Mi punto de vista, desde el que escribo este libro, es el de la tradición cristiana. Creo que hay algo más allá del lienzo, pero que no está lejos, sino que nos trasciende. Está aquí, pero nos rodea y da sentido. No terminamos de poder explicarlo porque no forma parte de lo que vemos con nuestros ojos, pero creo que podemos representarlo en nuestro lienzo, como esos puntos de fuga, como el intento de mostrar una dimensión más en un cuadro limitado.

Creo que Jesús, el real de los evangelios, vino a traer su manera de vivir y perspectiva, para que no estemos encerrados en simple materia. Él quiere que sepamos que todo es creación de un Dios bueno, que tiene mucho más que ofrecer de lo que imaginamos. Creo que se ha mostrado de muchas maneras, con Su Palabra, Su Persona, Su testimonio, y que ese Jesús es la imagen visible del Dios invisible.

Él es el punto de fuga del cuadro que puede dar sentido a nuestra vida y a todo lo que creemos en ella. Su gran obra maestra fue y es la salvación, la mía. Eso creo.

Considero que todos mis errores, mis pecados (del griego "fallar el tiro", "errar en el blanco") han sido perdonados por Él. Que no soy un gran artista de la vida, cometo muchas erratas, pero Él es un Padre comprensivo que no se dedica a juzgarme, sino a enseñarme a escribir mejor. Si encuentras alguna errata en este libro es porque o yo, o mis editores, seguimos errando en el blanco. Pero sigo corrigiéndome.

Miro hacia arriba y veo que aún hay cielo, y que mi vida no es el centro del universo. Jesús me salva de mi egocentrismo. Lo sigue haciendo.

Los artesanos miramos más allá de nosotros. Si las circunstancias empiezan a agobiar, podemos mirar hacia arriba. El cielo es una metáfora extraordinaria para hablar de la esperanza, que es lo último que se pierde. Porque sin esperanza, la creatividad desaparece y nada tiene sentido.

Tú andas en tu realidad, rodeado de circunstancias. Quizá piensas que en tu caso no es tan fácil como en otros, tu trabajo o tus estudios, tu circunstancia familiar no es la mejor en estos momentos, no eres tan brillante como Gabriel García Márquez. ¿Cómo desarrollar mi creatividad encerrado en mí, en mi mundo y mi ahora?

Mira hacia arriba, el cielo sigue ahí. Aún hay una meta que alcanzar, una esperanza que esperar. Jesús es el ejemplo, yo no lo pierdo de vista, mi lienzo sigue teniendo un sentido.

IV. ABAJO

La Biblia es el libro más realista que he leído: gente real viviendo vidas reales, creando cosas reales, buenas y malas y eso es fantástico porque la esperanza está en el cielo, pero el compromiso en la tierra.

El arte necesita materias primas. A veces feas, sucias. Intuir en una piedra sin forma una escultura esbelta, en un montón de barro una vasija adornada y llena de tesoros, en un ser humano que es un montón de células, a alguien capaz de amar, crear cultura, pensamiento y descubrir vacunas para el cáncer, eso es lo que se hace en el arte.

Abajo forma parte de la palabra trabajo. El arte no se puede quedar en la quimera; requiere esfuerzo, realidad, el arte o se hace o no existe. Muchos artistas, o jóvenes con inquietudes, con proyectos creativos de futuro, empresas y causas, se quedan en el limbo, ahí arriba, por no entender que es en la realidad donde se crea. Que el ensayo y error es la depuradora de nuestra técnica, y que es mejor una mala estrategia que no tener ninguna. Tener iniciativa forma parte de la voluntad de Dios para nuestra vida.

> **LA TIERRA ES MUCHA, LOS ARTESANOS SON POCOS**

Demasiadas veces he visto una Iglesia siempre arriba, en los lugares celestiales, bailando con Gabriel (el ángel, no el escritor) sobre una nube y olvidando la responsabilidad con nuestro entorno. Nosotros, la Iglesia, necesitamos salir, pero también necesitamos bajar. Como Jesús, que no estimó el ser igual a Dios.

La realidad humana es difícil, contradictoria, a veces incomprensible. Y es desde ese lugar que debemos crear. Omitir que tenemos problemas, que Dios es, no solo el Dios de los victoriosos, sino también de los fracasados, es hacer propaganda y no arte.

No venimos a este mundo a vender un producto, venimos a ser sanados y a sanar. La cura debe estar sobre las heridas. No reconocerlas es no reconocer que podemos curar. Si no admitimos que estamos enfermos, jamás nos curaremos. Ahí, en lo bajo de nuestra condición es desde donde se opera.

El arte lo ha reflejado desde siempre. Hay que ser muy creativo para escribir recto sobre un conjunto de renglones torcidos como yo. Dios es un experto en convertir mis errores en experiencias que me hacen crecer, mis injusticias en oportunidades para el perdón, mis enfados en momentos de reconciliación y abrazo. Desde abajo. La muerte en resurrección. Es ahí donde se demuestra la creatividad, no nos conformemos con quedarnos arriba, Dios no lo hizo. Bajemos a la realidad, al barro, el alfarero quiere hacer algo con nosotros.

V. ALREDEDOR

Trataremos muchos temas en este libro, y al hacerlo, caminaremos alrededor de construcciones que están en mi ciudad, en mi mente, en el tema que vamos a visitar: el arte, el arte sano, las ciencias, la creatividad, la fe, la Biblia y las personas con las que nos encontramos. Las distintas cosmovisiones que se cruzan y se enfrentan, así como nuestra historia, nuestro legado y personajes que han marcado nuestras vidas aún sin saberlo.

Hay mucho por descubrir alrededor.

Me encanta pasear alrededor de mi ciudad señalando a mis amigos que vienen de visita los lugares más emblemáticos: las puertas de la ciudad, los jardines, los edificios de negocios, las calles principales y mi lugar favorito para tomar yogur helado. Me gusta volver por esas calles porque siempre descubro algo nuevo, detalles; nunca es igual.
Espero que este libro sea así. Pasaremos y pasearemos por las plazas de los distintos temas, cruzando calles, en ocasiones repetidas veces, para llegar a lugares distintos. Será un paseo cuyo objetivo no siempre es llegar a un sitio. Cuando se pasea el objetivo es pasear. Y disfrutarlo. Tú y yo estamos ahora alrededor de estas palabras, démosles vueltas en nuestras cabezas, veamos los distintos ángulos y tomemos decisiones. Después de la séptima vuelta alrededor, quizá quieras gritar e intentar hacer caer las murallas de tu Jericó.

Me encantaría que, después de estas reflexiones, tu vida fuera más creativa, que pudiéramos comprender más cabalmente quiénes somos y para qué estamos aquí. Que seamos seguidores de Jesús, el ser más creativo de la historia, que aprendamos a Sus pies, para luego ser enviados con nuestros dones a bendecir a muchos. A la verdad, la tierra es mucha, los artesanos son pocos.

VI. ATRÁS

En demasiadas ocasiones se nos anima a desechar lo de antes. Lo de atrás, que quede atrás, nos dicen. Muchos libros, sermones y aún personas se presentan como la última ola que hará que tu sed se sacie, porque todo lo anterior estaba equivocado.

Si empiezan así, yo sospecho.

Creo en la acumulación de sabiduría. Creo en la tradición y las costumbres y en los principios que han pasado la prueba más difícil de todas: el tiempo.

Innovar por innovar es un suicidio intelectual y también creativo. Cualquier propuesta que no sabe de dónde viene está desarraiga de la tierra que la vio nacer y, por lo tanto, destinada a morir pronto.

Sería torpe por mi parte no subirme a lomos de todo lo que otros ya han pensado y han hecho. Y para eso, es importante mirar atrás y aprender. Ya Jesús lo decía: "...*haced esto en memoria de mí*".[2] No consiste tanto en hacer cosas nuevas y rompedoras porque la novedad tenga un valor intrínseco.

La repetida frase: "Si no aprendemos del pasado estamos destinados a cometer los mismos errores en el futuro", está vigente.

Desde algunas alas del cristianismo, demasiadas veces hemos descartado esa palabra: "tradición", como algo malo de entrada. Y no es así. De hecho, todos tenemos tradición, todos venimos de un río que no fluye gracias a nosotros. No somos el manantial, aunque muchos pretenden serlo. No.
Y en el arte ocurre lo mismo. Tenemos una herencia artística, estética, que hemos asimilado queriendo o sin querer junto con la manera de pensar de lo que nos rodea: nuestros padres, nuestro contexto académico y eclesiástico, los medios de comunicación e incluso nuestro idioma, que condiciona nuestra mente más de lo que pensamos.

Ser conscientes de que formamos parte de una historia que empezó antes de nosotros nos da la humildad y la sabiduría necesarias para poder hacer aportaciones que sumen a esa historia. Y para no quedarnos al margen, con el orgullo añadido de sabernos incomprendidos.

Para eso es necesario volver atrás. Y escuchar y ver. Sentarnos a los pies de los grandes maestros que han pasado por esta tierra. Comenzando por Jesús. Pero en materia de arte y creatividad, hay muchas voces de las que podemos aprender. Detrás de nosotros ya hay muchos que han hecho mucho, y tenerlos en cuenta nos sitúa en la perspectiva correcta.

Cada generación deberá superar la tentación de creerse los nuevos salvadores del mundo, la nuestra no será la excepción.

Miremos hacia atrás, es la única manera de tomar impulso hacia adelante.

---

2 - Lucas 22:19 RVR95

VII. ADELANTE

Movámonos.

Como dijo el cantautor Jorge Drexler en su canción "Movimiento":

Lo mismo con las canciones, los pájaros, los alfabetos.
Si quieres que algo se muera, déjalo quieto.

Lo importante de todo este dialogo ocurrirá después de la última página, lo que harás de "ahora en adelante". La vida implica tomar decisiones, que son la materia prima de la que se alimenta el futuro de todos. Inspirar para movernos es mi meta. Izar las velas y que sople el viento de donde venga, incluso de proa, en contra, para ir adelante, aunque sea en diagonal.

Quedarnos quietos, como estatuas, no avanzar, es una decisión que no podemos tomar. Porque todo se mueve, siempre. Se mueven los átomos. Se mueve tu sangre. Estás sentado, pero tu planeta gira, y se mueve por el espacio a miles de kilómetros por hora. Adelante. Es una ley, un mandamiento. Hay que moverse, la creación y la vida es movimiento.

Me niego a creer en una Iglesia meramente espectadora y quieta. En cristianos con un sentido crítico alto, pero sin propuestas. Hay que ir adelante, en primera línea, donde las balas puedan alcanzarnos, en las puertas del Hades, ahí delante. Me encantaría que este escrito fuera un empujón para tus ideas. Que el aguilucho que no ha salido del nido sea lanzado por su madre obligado a aprender a volar, porque había nacido para ello. Solo un empujoncito. Lo demás está en los genes.

Bienvenido a "Artesano".

Adelante.

VOL. I

LA BIBLIA ES BELLA

Todos tenemos un libro favorito, o varios, o unas obras de arte que han inspirado nuestra manera de ver las cosas, una película que nos ha marcado, referentes artísticos que modulan nuestra manera de ser y pensar. Bien, estas son las obras de arte que más me han influenciado a mí:

GENES

"En el principio creó Dios...". Génesis 1:1 RVR95

Así comienza la obra literaria más increíble de todos los tiempos. Un compendio de escritos que ha inspirado a todas las generaciones de todas las épocas. Un verdadero collage de temáticas, poesía, sabiduría y narrativa que ha cambiado la historia desde su raíz. Un esfuerzo colaborativo de personas de tiempos y lugares dispares, con un hilo invisible que los conecta a todos y cuyo principio es Dios.

DIOS, SE REVELA EN PRIMER LUGAR CREANDO

La Biblia es la generadora de cultura más potente que existe, la fuente de la que han bebido los más grandes y también los más pequeños artistas de la historia de los últimos quince siglos: Da Vinci, Miguel Ángel, Cervantes, Tolkien, Bach, Mel Gibson, Santa Teresa de Jesús, San Agustín, Bono y Einstein.

Y ella es la testigo viva de que la creatividad está en nuestros genes. En nuestro principio. En nuestro génesis. El primer libro de la Biblia insistirá en esto constantemente: Dios inicia el universo, la vida, la historia humana y la historia de un pueblo que marcará el rumbo de todos los demás. Todo esto comienza en Génesis, y es Dios quien lo genera.

Porque Dios, principio de todo, se revela en primer lugar creando. Es lo primero que quiere que sepamos de Él. Su primera acción. Su primer Verbo: "Bará".

Con su palabra crea: ¡La luz! Da forma a las galaxias, la Tierra y cada átomo y partícula subatómica, el baile, los bosques, el diplodocus y los pájaros, el agua y las fórmulas matemáticas. Todo.

Y en la cumbre de su creación, crea de una manera especial, auténtica, a su imagen y semejanza: "...varón y hembra los creó".[3]

Esa relación dinámica de dos seres libres que se aman, se protegen y se ayudan, se miran y se tocan, es la imagen de Dios en este espacio-tiempo. Es la mejor metáfora para explicar cómo es Dios y cómo Dios actúa en este mundo. No solo, sino "co-laborando".

Por eso pinta el jardín, con el árbol de la vida en el centro, y con la alternativa del árbol del conocimiento del bien y del mal instalando la libertad desde el principio, para poder expresar así verdadero amor reciproco y voluntario y no un amor autómata.

Las relaciones humanas son quizá el arte más difícil. Solo tienes que mirar la historia, las naciones y las familias, las traiciones y las incomprensiones para darte cuenta. Y después mirar tu historia. No es un arte fácil, pero es el más satisfactorio. Observa esa pareja que lleva amándose por más de cincuenta años y que van tomados de la mano junto con toda su familia...

Y, voilà, aquí estamos, miles de años después. Esa obra de arte de Dios llamada vida, tiene una capacidad única: seguir creando. Está en nuestros genes, llenar la Tierra de más obras de arte de Dios y de nuestras propias obras, para que todo lo que ocurra sea una maravillosa metáfora, una parábola que apunta a la creatividad eterna. A Su imagen.

La alternativa a ese comienzo no se sostiene. Si solo somos fruto del azar y el tiempo, el arte no tiene sentido; solo es más azar y carece de sentido estético y ético, más allá del que nosotros arbitrariamente le queramos dar. Y eso es muy triste, ya que sería reconocer que la belleza y el amor son solo una ilusión de nuestros sentidos. Todo en mí se rebela ante ese cuadro vacío.

En el principio de todo no puede estar el azar; no hay manera lógica de sostener que el azar pueda comenzar nada de la nada (ex nihilo). Este libro no es científico, no es este el párrafo para hablar de ello, pero te animo a investigar sobre el tema, en un sentido, es "todo un arte".

---

3 - Génesis 1:27 RVR95

En nuestro comienzo está la creatividad, el Creador, personal y trascendente. Un artista que vio que todo lo que hacía era bueno y, finalmente, creó la más maravillosa obra de arte: la humanidad, con la capacidad intrínseca de crear, como Él. Su obra, la obra de las obras, el ser humano, con potencial para llenar de Su imagen la Tierra, es decir, toda la creación visible.

IMAGO DEI

La doctrina del *imago dei*, en Génesis 1:26-27, nos enfrenta a esta realidad: estamos hechos de pasta divina, de su inspiración, de su misma capacidad para crear y poner nombre a las cosas.

Poner nombre a algo, en la cultura para la cual se escribieron estos fantásticos capítulos, suponía "conocer" aquello que nombrabas. Tú no le decías tu nombre a cualquiera, era algo privado, de tu propiedad. Compartirlo significaba dar algo de ti otro y por eso, nombrar a los animales y a las plantas suponía conocerlos, estudiar el entorno que les rodeaba en aquel jardín y aprender a cuidarlo, hacerlo crecer, comprender la realidad en la que estaban y usarla no solo para beneficio propio, sino para el de toda la creación.

En nuestra cultura cristiana demasiadas veces nos han dicho que no debemos conocer demasiado, que el "conocimiento envanece, pero el amor edifica". Distorsionando este precioso versículo nos hemos excusado para no desarrollarnos como Dios manda.

"Y vio Dios que era bueno".[4]

Todo era bueno. Dios nos creó no solo con libertad; la libertad conlleva responsabilidad, y los que somos inspirados por Jesús, tenemos la tarea de seguir nombrando, seguir descubriendo la naturaleza, cuidando nuestro entorno, buscando maneras más eficientes de aprovechar los recursos, ampliando el jardín. Porque es bueno.

La dicotomía entre "el mundo malo ahí afuera" y "nosotros los buenos aquí dentro" no es propia del cristianismo ni del judaísmo. La creación es extraordinaria y somos llamados a nombrarla, conocerla y celebrarla. No hay arte, en principio, que no podamos conocer; no hay nada creado que sea impuro per se.

Claro, en Génesis 3 todo se echó a perder, pero ahora nuestro trabajo es restaurarlo. Pero eso no significa que sea malo, solo que está roto, y no hay nada roto que Dios no pueda arreglar.

---

4 - Génesis 1:10 RVR95

Nuestras sociedades no siempre reflejan los valores que Dios nos regaló, y por eso están heridas, pero eso es una oportunidad para sanar, no para señalar de manera acusatoria.

Cuando leemos Génesis 1 y 2 podemos llevarnos la sensación errónea de que cuando Dios creó el mundo lo dejó todo acabado. ¡Para nada! Él dejó espacio para nuestro trabajo, para que siguiéramos su estela. Fuimos llamados a descubrir todo lo que nos rodea, incluso nuestros propios cuerpos. Los avances de la medicina son una de las cosas más cristianas que podemos promover, siempre respetando la vida, obvio; jamás sustituyendo el árbol de la vida por el del conocimiento del bien y del mal.

Sin duda, hay mucho trabajo por hacer, muchas cosas por nombrar. ¡Cuántas canciones de amor aún no se han escrito! ¡Cuántas causas justas que aún no han sido resueltas! ¡Cuántos edificios esbeltos están por construirse! ¡Cuántas fórmulas por descubrir!

LAS PRIMERAS HISTORIAS

Génesis está lleno de historias fascinantes. Cada una tiene una riqueza extraordinaria. Estas historias eran contadas de padres a hijos para explicar por qué el mundo era como era.

Todas las narrativas de Génesis tienen una enseñanza para nosotros. Son historias primigenias, primarias, que ayudan al oyente a situarse en su realidad y que pueden ser traducidas en miles de otras historias.

La Torre de Babel es una de ellas. Los habitantes de Babel quisieron hacer una torre que llegara a los cielos para hacerse un nombre. Este será quizá el peligro más común con el que, como artistas, nos enfrentaremos a la hora de crear. Nuestro orgullo podrá jugarnos malas pasadas. La narración dice que Dios confundió sus lenguas, sus idiomas, la comunicación y eso es lo que sucede cuando el objetivo del arte es el ego. Falla la comunicación.

El esfuerzo humano por conseguir vanagloria solo trae confusión, que no nos entendamos los unos a los otros, que no podamos terminar nuestros proyectos y que terminemos separándonos de los demás. Espero que no sea nuestro caso.

Hay muchas historias más: Noé, Caín y Abel, Abraham, Isaac y Jacob y la maravillosa historia de José, todo un *best seller*. Vendido como esclavo por sus propios hermanos, termina convirtiéndose en el hombre más poderoso de su nación. Sus hermanos irán a Egipto en busca de comida y José les perdonará recibiendo a su familia en el palacio. Este será el comienzo del "Pueblo de Israel".

Cada una de estas narraciones tiene conexión con nuestra realidad. Muchas de ellas son fáciles de recordar. Algunas son ejemplos que tenemos en cuenta comúnmente. Por ejemplo, la envidia de Caín que destruyó a su hermano, enseña cómo el hecho de compararnos a los demás genera ansiedad y deseos de destruir la obra y quizá la vida del otro, algo muy típico entre los artistas. Estas narraciones, advertencias y moralejas marcaron el carácter de un pueblo, el cual basado en estas historias formó su manera de ser, pensar y entender el mundo.

¡Qué importantes son las obras de arte para generar cultura! ¿Cuáles son nuestros orígenes? ¿Las fuentes de nuestra inspiración? ¿Las historias "primeras" que marcan cómo somos y nuestros valores? Todos las tenemos. Ellas nos marcan, lo sepamos o no. La mía es la de un Dios creativo que creó un mundo bueno, que nos creó libres, pero lo echamos a perder, y ahora nosotros somos llamados a restaurarlo y extender Su jardín, Su Reino. Nuestro arte es parte de esa restauración. Génesis dibuja un marco de realidad, la narrativa en la que todos vivimos.

ÉXODO

Cuatrocientos años. Y llega la historia de Moisés. Todo el mundo la conoce. Dios se revela a un pueblo para liberarlo. Salvarlo a pesar de cómo es y llevarlo a una tierra prometida. Por gracia. La cantidad de colorido que contiene esta narración es asombrosa. Diez plagas después, el faraón de Egipto libera al pueblo a regañadientes. Les deja ir, pero termina persiguiéndoles hasta el Mar Rojo, donde Dios abre el mar, el pueblo de Israel pasa en seco y los carros del faraón (¡Hey! ¡Oh! Lalalalala, sigue la canción) son anegados.

Un poco después, en el Sinaí, Dios entrega a su pueblo las leyes en las dos tablas, los diez mandamientos. "Charlton Heston" inolvidable. Y más adelante, los israelitas construyen un tabernáculo, una tienda muy grande llena de decoración dentro de la cual Dios viajaría acompañando a su pueblo por el desierto. Allí Moisés hablaría con Dios cara a cara.

Hasta aquí nada nuevo, o eso parece, pero hay un detalle que tiene que ver con la inspiración, esa que todo artista necesita para crear. Señoras y señores teólogos, esta será la primera vez que aparezca en la Biblia que alguien es llenado del Espíritu de Dios. Veamos:

> *El Señor habló con Moisés y le dijo: "Toma en cuenta que he escogido a Bezalel, hijo de Uri y nieto de Jur, de la tribu de Judá, **y lo he llenado del Espíritu de Dios, de sabiduría, inteligencia y capacidad creativa** para hacer **trabajos artísticos** en oro, plata y bronce, para cortar y engastar piedras preciosas, para hacer tallados en madera y para realizar toda clase de artesanías".*[5]

---

5 - Éxodo 31:1-5 NVI [énfasis del autor]

Y aquí lo tenemos. La inspiración divina. Estar lleno de Su Espíritu, ¿para qué?, para obras de arte. Cuando Dios nos llena, es siempre para algo. Podemos verlo también en Hechos capítulo 2.

Hemos creído que ser llenos de Su Espíritu es para nuestro propio beneficio en primera instancia, para consumo personal. Pero cada vez que leemos en la Biblia que alguien es lleno de Dios es para una misión. Cada vez que alguien es inspirado es para crear algo nuevo.

Y en este caso, Bezalel está lleno de sabiduría, inteligencia y capacidad creativa para diseñar. ¿No es increíble que la primera vez que aparece este concepto en la Escritura esté conectado con un trabajo artístico? Porque crear arte es muy espiritual.

Conoce a Bezalel. Quizás hoy nadie canta sus canciones, no le recordamos en nuestros cultos los domingos, pero, junto a su ayudante Aholiab, diseñó obras de arte de una importancia capital para toda la historia del Antiguo y el Nuevo Testamento. Mira la lista:

"Además, he designado como su ayudante a Aholiab hijo de Ajisamac, de la tribu de Dan, y he dotado de habilidad a todos los artesanos para que hagan todo lo que te he mandado hacer, es decir:
la Tienda de reunión,
el arca del pacto,
el propiciatorio que va encima de ella,
el resto del mobiliario de la Tienda,
la mesa y sus utensilios,
el candelabro de oro puro y todos sus accesorios,
el altar del incienso,
el altar de los holocaustos y todos sus utensilios,
el lavamanos con su pedestal,
las vestiduras tejidas, tanto las vestiduras sagradas para Aarón el sacerdote como las vestiduras sacerdotales de sus hijos,
el aceite de la unción,
y el incienso aromático para el Lugar Santo.
Todo deberán hacerlo tal como te he mandado que lo hagas". [6]

El lugar donde Dios se manifestaría durante todo el Antiguo Testamento, el arca del pacto y todo lo que la rodeaba, fue creado por este equipo creativo. Era a través de estas obras de orfebrería que Dios era hallado. No hay arte que no pueda ser inspirado: la moda, la perfumería... todo. Y Dios, a través de estas obras, manifestaba Su gloria. El tabernáculo era la tienda de reunión desde donde JHVH se presentaba.

---

6 - Éxodo 31:6-11

Reconozcámoslo, hemos sido muy reduccionistas. Hoy pareciera que solo la música tiene el efecto de "conectarnos" con Dios, y hemos olvidado que su inspiración puede alcanzar a toda expresión humana.

Bezalel es un nombre raro; Aholiab, más raro aún. Pero Dios les llenó de Su Espíritu para manifestarse a través de ellos. Así, nosotros podemos y debemos ser inspirados por Él, para expresar Su gloria, y quién sabe si a través de nuestras ideas, nuestras creaciones, otros puedan ver la Gloria de Dios. Hasta haciendo una mesa o un lavamanos. Cuanto más lo pienso más increíble me parece. Nosotros hemos decidido por nuestra cuenta cuáles deben ser las expresiones más espirituales.

Dios no.

La primera vez que Dios llenó de Su Espíritu a alguien, fue para asignar creatividad. Siempre hay una primera vez. La primera vez que ocurre algo importante en la vida, se recuerda de manera especial y nos marca, como el primer beso, es inolvidable.

NARRATIVAS HUMANAS

Atención, ahora viene un spoiler del Antiguo Testamento:

> **NOSOTROS HEMOS DECIDIDO POR NUESTRA CUENTA CUÁLES DEBEN SER LAS EXPRESIONES MÁS ESPIRITUALES**

Cuarenta años.

Y después de cuarenta años por el desierto, el pueblo llega a la tierra prometida. Se levanta un nuevo líder después de la muerte de Moisés: Josué, quien introduce al pueblo a la tierra de la que fluye leche y miel. Pero una vez asentados, todavía deben luchar contra otros pueblos que los oprimen. Entonces, Dios levanta jueces, héroes que vez tras vez socorren a Israel, como Sansón y otros, y otras. Hasta que Samuel, el último juez, unge al primer rey, Saúl, y luego, a David. El famoso rey David.

Acto siguiente, su hijo Salomón aparece en escena para dar paso a la construcción del templo. Y más tarde sus hijos, y alguno más, separarán el reino en dos. Y así van pasando reyes y profetas, que de vez en cuando denuncian a los reyes tanto del norte, Israel, como del sur, Judá, por no hacer lo bueno delante de Dios. Luces y sombras, amor y odio.

Hasta que los dos reinos son finalmente conquistados, ocurren deportaciones, como la de Babilonia, donde el pueblo aprenderá a convivir otra vez en un nuevo "Egipto", hasta que un edicto los hace volver a su tierra y reconstruyen su ciudad santa: Jerusalén, sus murallas, y el templo.

Fin del spoiler.

Mucho del texto de la Biblia es historia, narrativa que cuenta los periplos de este pueblo particular. La gente habla de la Biblia como un manual, pero casi siempre es todo menos eso. Es una historia, o muchas historias, donde podemos sentirnos identificados a pesar de la distancia y el tiempo que nos separa de ella. Donde aparece gente de muchos trasfondos, con muchas realidades, hombres y mujeres, que cometían muchos errores, pero que también eran impulsados por Dios para continuar la acción.

En la Biblia veremos cómo una cultura avanza en el tiempo y va sobreponiéndose a las circunstancias. Todo muy real. Porque la vida es muy real. La tuya también. Estamos llenos de realidad, rodeados de ella. Y es en ese contexto donde escribimos nuestra historia. No podemos evadirnos.

José Ortega y Gasset, un filósofo español del siglo XX, decía: "Yo soy yo y mis circunstancias". La Biblia también lo es, la Biblia también lo dice. Porque la Biblia no solo es "divina", también es humana, muy humana. Llena de contexto que debemos comprender y por eso para entender la Biblia hay que entender la realidad humana. Y, ¿sabes?, para entender la realidad humana hay algo genial que podemos hacer: entender la Biblia.

Estas narrativas que empapan este conjunto de libros nos inspiran. Estas historias no nos dicen siempre cómo debemos actuar (de hecho, a veces lo mejor es hacer justo lo contrario), pero sí son tremendamente inspiradoras, nos identificamos con ellas.

Hoy queremos decirle a la gente lo que debe hacer. Muchos se disfrazan de predicadores moralistas que solo señalan lo que está mal. Y nada más. Queremos cambiar la cultura, pero ingenuamente la vemos como enemiga sin entenderla, olvidamos que la propia Biblia lo hace de otra manera. Ella cuenta historias con las que todos se pueden identificar. Así se formó la manera de pensar del pueblo de Israel, acerca de Dios, de ellos mismos y sus circunstancias.

En nuestro mundo es así también. Las historias nos invaden. Vivimos en medio de las narrativas que aporta el cine, la TV, los libros y todas las propuestas artísticas. No nos dicen directamente "cómo debemos vivir", pero sí hacen propuestas inspiradoras. Muchas de ellas equivocadas, pero, sin duda, atrayentes. ¿Y nosotros?

¿Cómo debemos entonces crear para ser una fuerza de cambio positivo a esta cultura, a estas circunstancias que forman parte de nuestra vida? Quizá debamos volver a la Biblia, el libro que más ha transformado las culturas y sigue haciéndolo, a través de la narrativa divina y humana que propone. Me encantaría ser parte de su historia.

PROFETAS

Samuel, Elías, Eliseo, Daniel el de los leones, Isaías, Ezequiel, Jeremías el llorón, Zacarías, Joel...Profetas.

Oráculos que hablaban en nombre de Dios. No solamente del futuro, que es lo que hoy entendemos por profetas, sino, sobre todo, del presente. Más mordaces que la prensa actual. Denunciaban la injusticia perpetrada por los gobernantes; eran la voz de los más desfavorecidos. Sacaban a la luz realidades que otros no veían. Inspirados por Dios, querían cambiar las circunstancias que les rodeaban. Querían, con sus mensajes, influenciar su sociedad.

También hacían performances. Uno incluso hizo un desnudo y anduvo sin sandalias durante tres años. Era Isaías, en el capítulo 20. Sí, el mismo Isaías del famoso texto de Isaías 53.

> **LA INSPIRACIÓN NO ES SINÓNIMO DE IMPROVISACIÓN**

Estos profetas usaban de todo: historias, objetos, canciones y símbolos. Lo que fuera con tal de ilustrar lo que querían comunicar. Pura creatividad inspirada.

Hay libros completos de profecías en la Biblia. Como digo, no solamente hablaban del futuro, eran palabra de Dios para los hombres y mujeres de esa época. Cumplían una función social fundamental: remover las conciencias, traer a colación los puntos ciegos de la cultura, movilizar el inmovilismo político o sacerdotal e intentar provocar en los oyentes una reacción, ya sea arrepentimiento o acción, ánimo o inspiración.

Además, muchos de ellos profetizaban no solamente usando las palabras en prosa, sino también en verso. Eran profetas poetas.

Usaban el arte para embellecer su mensaje y ganarse el derecho de ser escuchados. Las profecías de la Biblia son obras maestras. Las Lamentaciones de Jeremías son un ejemplo de la laboriosidad de su trabajo. Sus cuatro primeros capítulos son poemas acrósticos, cada uno de sesenta y seis líneas, menos el cuarto que tiene cuarenta y cuatro. Cada versículo comienza con una letra del alfabeto hebreo, lo cual demuestra que el texto ha sido muy trabajado.

Aunque lo hizo el profeta Jeremías inspirado por Dios, eso no quita el esfuerzo y la disciplina que este "artista" tuvo que realizar para hacer elegante este texto.

Y aún necesitamos profetas así hoy, ¿no te parece? La inspiración no es sinónimo de improvisación.

La injusticia sigue existiendo y Dios sigue enviando profetas que levanten la voz en Su nombre para ser luz de un mundo que sigue autodestruyéndose. ¿Quiénes se tomarán la molestia de embellecer sus mensajes para hacerse oír? ¿De qué maneras creativas lo haremos?

Lo profético hoy ha perdido credibilidad, parece que se circunscribe a algunos que intentan adivinar el futuro de personas particulares, desde una plataforma, no siempre de manera acertada y normalmente con frases manidas, usadas, de segunda mano, que no tienen un ancla bíblica por ningún lado.

Creo que nuestro rango de visión se debe ampliar. Debemos rescatar el punto de vista bíblico de lo profético, como denuncia social. Palabra de Dios para nuestro hoy, no solo de manera particular, sino para colectivos, con un trabajo profundo de estudio de la realidad, y con sensibilidad creativa para transmitir lo que Dios quiere decir y hacer. Sociólogos, periodistas, antropólogas, políticos, activistas, trabajadoras sociales... profetas de nuestro tiempo.

La Escritura está llena de ejemplos inspiradores; quizá debamos leerla desde este prisma para poder ser la voz de Dios en esta sociedad a través de nuevos performances y mensajes, no solo a través de eslóganes de éxito—"este es tu año", "lo mejor está por venir"—o esos clichés proféticos que solo convencen a incautos.

Volvamos a la herencia de los profetas que plantea la Biblia, y desde ella representemos a Dios en nuestro hoy aquí. Quizá desde nuestro oficio, o la carrera universitaria que estemos estudiando, podemos seguir con esa maravillosa tradición.

POETAS

¿Qué es poesía?, dices mientras clavas
en mi pupila tu pupila azul.

¿Qué es poesía? ¿Y tú me lo preguntas?
Poesía... eres tú.
Gustavo Adolfo Bécquer. "Rimas y leyendas".

Las páginas de la Biblia están llenas de poetas y poesía. Canciones, pareados. Como digo, muchas profecías en realidad están escritas en verso. Algunas eran directamente canciones.

Es curioso que, en el contexto hebreo del Antiguo Testamento, la rima no era sonora. No rimaban las últimas sílabas de un verso con el siguiente. La rima era de ideas; rimaban ideas, ideas pareadas, contrarias, sinónimos y antónimos. Creatividad desbordante.

En las historias de la Biblia encontramos canciones; algunos de los héroes de la Biblia también eran poetas. Ese rey David que comenzó una dinastía compuso muchos salmos.

Muchas de estas canciones no pasarían hoy la prueba para ser cantadas en nuestras iglesias locales. Son demasiado sinceras, humanas, desgarradoras y, a veces, poco evangélicas. Me encantan los salmos. Me recuerdan que la creatividad ha de sincerarse, y que está bien no estar bien. Que de toda circunstancia puede salir algo bello, que podemos expresarnos en medio del dolor, de la incertidumbre. Que muchas de las mejores obras de arte brotan de las dificultades. Que los logros de la humanidad son el resultado de haber resuelto satisfactoriamente un enigma o un reto que se nos presentaba. Los poetas de la Biblia usaban la materia prima de las palabras y los problemas para crear y también para hablar de Dios con metáforas extraordinarias que acercan lo trascendente. Todo un reto que sigue vigente.

La Biblia es una obra maestra de la poesía y fue escrita por muchos poetas. No eran necesariamente teólogos que fueron seis años al seminario. Eran personas que se habían encontrado con Dios y tenían el talento para comunicar Su mensaje, explicándolo de manera comprensible a su entorno. Usaban el lenguaje común de la gente. Con objetos y figuras sencillas explicaban al Dios eterno. En otras palabras, no solo le cantaban y le recitaban poesía a Dios.

Hay un libro +18 en la Biblia: *El cantar de los cantares*. Debería titularse algo así como: La canción más bonita del mundo. Y básicamente es un libro de amor de pareja y erótico. En la Biblia. Inspirada por Dios.

Porque no solamente es un libro de "cosas religiosas". La verdadera espiritualidad lo empapa todo. Y esta canción lo subraya.

Comparte escenas subidas de tono. Hay frases sugerentes, profundas palabras de compromiso y amor físico. La herencia platónica de que el cuerpo es una cárcel del alma ha hecho mucho daño y debemos recuperar la belleza de nuestra sexualidad. Contrariamente a lo que se piensa, Dios está muy a favor de la sexualidad. Él la inventó y me parece muy creativo por su parte. Y le estoy muy agradecido por diversas razones que te explicaré.

El cantar de los cantares es un poema precioso y está en la Biblia para que tomemos ejemplo. Claro, muchos han querido ver en este libro una metáfora de la relación de Dios con su pueblo. Y eso también es verdad. ¿Acaso la relación de pareja no es una metáfora de cómo es Dios?, *"... a imagen de Dios los creó, varón y hembra los creó".*[7] Definitivamente sí. Pero una cosa no quita la otra. ¡Qué necesario es hoy apropiarnos de ese amor desde un punto de vista bíblico! ¡Cuánta falta hacen los poetas, no solo para glorificar a Dios, sino también para hablar de realidades sociales, románticas, políticas y un muy largo etcétera!

A veces es difícil comunicar una idea, y en ocasiones, solo la poesía, puede lograrlo. No solamente conteniendo verdades, sino haciéndolo de forma hermosa. Necesitamos más poetas, más poesía.

FILOSOFIA: AMOR POR LA SABIDURÍA

No solo hay arte en las páginas de la Biblia. También hay filosofía. En algunos contextos cristianos, esta palabra se ha convertido en una mala palabra. Pero en realidad es una palabra preciosa: amor por la sabiduría. Y de eso la Escritura está llena. Rebosa sabiduría. El libro de Proverbios, o el de Eclesiastés, son reflexiones filosóficas acerca de la vida, y de la vida con Dios.

Proverbios es una colección de consejos cortos para ayudarnos a tomar decisiones sabias. Y comienza con una oda a la sabiduría, haciendo que ésta sea una mujer que va por las calles buscando a alguien que quiera conocerla. ¡Llamémosla Sofía! Y el que la encuentra es afortunado.

El anti intelectualismo ha perjudicado a la Iglesia. Cualquier idea que suene a profundizar en un tema se convierte en sospechosa. Olvidamos la importancia de sentarnos a profundizar en la realidad que nos ha tocado vivir, ¡y la Biblia nos invita a lo contrario!: a buscar la verdad, a amar la sabiduría.

Los libros sapienciales facilitan la reflexión acerca de temas profundos detrás de la biología, la psicología, la sociología, la economía, las relaciones amorosas y la amistad para que lleguemos a nuestras propias conclusiones.

---

7 - Génesis 1:27 RVR95

La Biblia presenta otras maneras de ver el mundo, otras cosmovisiones, e intenta darles explicación y es que ¿cómo vamos a explicarlas si no las conocemos? Nosotros no queremos saber lo que piensan los demás, nos parece que, solo memorizando versículos o escuchando sermones, seremos sabios. La Biblia no. Ella convoca a que observemos otros puntos de vista y aprendamos de ellos todo lo posible. Job y Eclesiastés son esa clase de libros, que no dan respuestas fáciles, y se atreven a preguntar lo que nadie pregunta: el problema del dolor, la razón última de las cosas, por qué le pasan cosas malas a gente buena, y así.

> **DEMONIZAR LA INTELIGENCIA Y EL PENSAMIENTO CRÍTICO ES DARLE AL ENEMIGO HERRAMIENTAS QUE NO LE PERTENECEN**

No hay tema tabú para la Biblia, aunque a nosotros como Iglesia demasiadas veces nos parece que sí y le hemos tenido miedo a las otras cosmovisiones, a las otras respuestas alternativas que la gente ha encontrado o ha creído encontrar para la vida.

La Escritura plantea lo contrario. Es bíblico dialogar con los demás y rescatar verdades que quizá estén en otros lugares. Es muy bíblico hacernos preguntas y tener dudas que nos lleven a pararnos en medio de nuestro ajetreo y analizar los porqués, encontrando respuestas a nuestras inquietudes.

Demonizar la inteligencia y el pensamiento crítico es darle al enemigo herramientas que no le pertenecen. Es hora de que volvamos a asumir la tradición de las páginas de la Biblia que tienen filosofía, acercamiento crítico y preguntas sinceras.

Detrás de toda verdad "verdadera", finalmente encontraremos a Jesús.

SILENCIO

Todo esto y mucho más es lo que llamamos en su conjunto el Antiguo Testamento. No un libro, treinta y nueve. Maravillosamente reunidos para producir en nosotros una vida real, como al principio. Para volver a ese árbol de la vida, a ese Edén. Sin embargo, la última palabra que encontramos en esta biblioteca después de todas las expresiones de humanidad posibles es del profeta Malaquías:

"Maldición".

Ruptura. Falta de arte. La Biblia aquí ofrece un final abierto. Una oportunidad de acción. El final parece agridulce, estamos esperando un segundo acto, como un intermedio de una buena obra de teatro de Shakespeare. Se baja el telón, pero no ha terminado. Solo es un descanso. Cuatrocientos años de descanso. Otra vez.

Ocurrirán cosas, sí; aparecerán imperios, los griegos, los romanos, habrá revueltas, la historia de los macabeos, se levantarán líderes inspiradores, se reconstruirá el templo de manos de Herodes el Grande... pero, cada vez más, se generará un ambiente de expectación. Y de repente, se levanta un profeta. Juan, que es de una familia sacerdotal. Como buen artista, hace su performance: se viste de piel de camello, come miel silvestre y langostas, buen menú. Y se pone a bautizar a gente en el río Jordán, rememorando la nueva entrada a la tierra prometida, o aquel paso del Mar Rojo de Éxodo. "¡Prepárense! ¡Algo está a punto de ocurrir! ¡Algo se acerca!", exclamaba en mitad del desierto.

Cuatrocientos años de silencio, pero la obra de arte de Dios no ha terminado. El protagonista principal de la obra, que estaba entre bambalinas todo el tiempo, se dejará ver.

NOTICIAS

Jerusalén. Año 33. Había pasado lo que nadie hubiera podido imaginar: un hombre había resucitado. Después de ser juzgado y crucificado y pasar tres días en la tumba, testigos de lo sucedido, más de quinientos, afirmaban haberlo visto y haber hablado con él. Incluso habían tocado sus cicatrices. Y la tumba estaba vacía.

En su muerte, todos sus seguidores le habían abandonado como cobardes. Y de repente, "algo" había ocurrido que les había transformado en personas dispuestas a dar su vida. Es lo que había logrado la resurrección.

La noticia de que la muerte no tiene la última palabra se fue difundiendo desde Jerusalén hasta alcanzar el centro del imperio más poderoso de la Época del siglo I: Roma. Una nueva comunidad, la Iglesia, se convertía así en un movimiento de fe, esperanza y amor, que rescataba a las personas, las dignificaba y las salvaba de superstición y costumbres deshumanizadoras.

Esta comunidad no tenía lugares de culto sagrados, las casas eran su espacio de reunión. Sin miedo a las calles, proclamaban hasta en academias esta gran noticia. Cualquier mesa de un comedor podía convertirse en un púlpito para hablar acerca de Jesús. Su historia había sido suficientemente extraordinaria. Había sido bautizado por ese Juan que clamaba en el desierto y, en ese momento, el silencio de Dios de cuatrocientos años se había roto: *"... Tú eres mi Hijo amado..."* [8], se escuchó desde el cielo.

Este Jesús hacía arte. Sanaba a los enfermos, expulsaba demonios, predicaba a los últimos, no dejaba indiferente a nadie, ni al status quo religioso ni al político. Hablaba acerca del Reino de Dios, del evangelio: buenas noticias. Como aquellos que venían a anunciar *(angelus)* cosas buenas *(eu)* de los emperadores que habían vencido. Pero Jesús había proclamado la mejor noticia de todas: que Dios ya estaba aquí para salvar.

Jesús amó tanto y de manera tan radical, que el sistema no lo pudo soportar y lo mataron pensando que ahí acabaría la historia. Pero solo la aceleraron. La luz comenzó a brillar y a extenderse. Una nueva manera de vivir con los ojos puestos en la eternidad, cambiando el presente, las sociedades, las culturas y las personas. Cambiando la historia.

Sus seguidores, algunos años después, lo pusieron por escrito para no olvidar. Para que el mensaje pudiera ser transmitido fielmente a las siguientes generaciones. Había que crear algo nuevo. Y ahí, comenzando por un joven llamado Juan Marcos, entre el año 65-70 d.C. se inauguró una nueva manera de narrar esta historia única que hoy conocemos como "evangelio". Documentales extraordinarios de los hechos. Testimonios fieles de lo que Jesús hacía y decía. De lo que le hicieron en la cruz y de su resurrección, de cómo cambiaba las reglas del juego y asumía el proyecto de Dios en primera persona.

Mateo, Marcos, Lucas y Juan. Cuatro perspectivas de los mismos acontecimientos; pero cada uno de ellos con un arte distinto para públicos distintos.

Cuatro cámaras de grabación, si se me permite la analogía, con distintos ángulos y movimientos. Lo que una no captó, o grabó de lejos, otra nos lo expone en primer plano. Y así. Estos cuatro puntos de vista nos dan una imagen en 4D de lo que ocurrió en el siglo I. Estos testimonios diversos nos acercan de manera auténtica al Jesús histórico. Nos vuelven a poner a sus pies para escuchar sus palabras, lo que los expertos llaman la *ipsissima vox* de Jesús. Sus enseñanzas eran artísticas, creativas, no usaba el lenguaje de los escribas o de los sacerdotes, sino el de los profetas. El de los poetas.

Le encantaba hablar por parábolas; una manera de narrar creativa, viral, más que los memes actuales. Detonadores de enseñanzas en pequeñas cápsulas. Fáciles de aprender y que afectan desde lo profundo a nuestra comprensión

---

8 - Marcos 1:11

de lo que somos y de cómo es el mundo. Dos mil años después, nadie olvida la historia del hijo pródigo ni del buen samaritano. Jesús sabía contar buenas historias.

En los evangelios podemos caminar junto a Él, escuchar lo que susurraba a los más cercanos. Uno de sus mejores amigos, Juan, nos ayuda con esto. También podemos ir a un monte con Él y ver cómo proclama a los cuatro vientos una aparente locura como el amor a los enemigos.

Estos documentos giran en torno a Jesús, y a través de ellos descubrimos por nosotros mismos que este Jesús era un hombre, por lo que hacía y lo que decía, y también era Dios, el Hijo de Dios, por cómo murió y resucitó. Al final de estos escritos siempre hay un llamado a proclamar esa noticia al mundo. Esa comisión sigue vigente ahora. Porque ese anuncio no puede dejar indiferente a nadie. De eso se trata. Hoy, esa noticia, buena, no puede ser inocua. Somos llamados a seguir mostrando ese documental multicámara a un mundo que todavía necesita escuchar este mensaje si quiere un final de resurrección.

QUIERO HECHOS

Uno de estos escritores, Lucas, el único que no era judío, escribió una segunda parte que conocemos como los Hechos de los apóstoles. En ella se narran las peripecias de la Iglesia naciente después de todo lo ocurrido en los evangelios. Básicamente, se divide en dos partes: de la mano de Pedro al principio y de la de Pablo después, un perseguidor de la iglesia que terminó creyendo en Jesús y dando su vida por Él en la capital del imperio. Un viaje de Jerusalén a Roma pasando por muchas ciudades con cortes culturales muy diferentes, filosofías, tradiciones, escuelas y costumbres de todo tipo. Y en todas ella, el mensaje del evangelio conseguía calar y cambiar el sistema, demostrando que el movimiento de Jesús no entiende de fronteras y que puede penetrar cualquier contexto.

En un cuadro genial.

¿Te imaginas una iglesia que comienza sin bagaje? ¿Desde cero? ¿Sin errores del pasado que pesasen en nuestra proclamación? Esa es la Iglesia de los Hechos. Un movimiento sin complejos y lleno de energía, que en cualquier contexto sabía actuar, con gente torpe como nosotros, pero que proclamaba el evangelio de formas diferentes: a los griegos, griego; a los judíos, judío, contextualizándose para llegar al corazón de cualquier etnia. Sobre todo, con hechos, que son la expresión que la gente más recordará de nosotros, más que nuestras palabras. Para bien y para mal.

Demasiadas veces nos esforzamos para que nuestro mensaje sea creativo, y eso es bueno. Pero es mejor buscar, además, que nuestros hechos sean creativos; es decir, que creen nuevas realidades. Que le den una oportunidad a quien no tiene ninguna, que traigan ánimo a quien ha perdido toda esperanza, consuelo al que llora, alimento a quien no tiene, nuevas formas de vivir. Que lo hagamos con nuestros hechos, como artesanos.

Personalmente, el nombre de esta segunda parte no termina de convencerme. Antiguamente le llamaban "el evangelio del Espíritu Santo". Mucho mejor. El Espíritu Santo, ese aire que inspiraba a todos estos seguidores de Jesús y que les impulsaba a crear una nueva forma de vivir en todo el Imperio Romano, en todo el "reino" romano, diciendo que otro Reino se había acercado y que las cosas podían cambiar. Las cosas pueden cambiar si creamos de la mano de Dios lo que Él quiere para este mundo. Quizá, aun hoy pueda inspirarnos a nosotros para continuar siendo ese movimiento que llegue hasta el epicentro del imperio.

NO RECHACEMOS LOS CONFLICTOS, PUEDEN SER LA SEMILLA DE LA CREATIVIDAD

CARTAS

En medio de toda esta historia de la iglesia "primitiva" (siempre pienso en Pedro Picapiedra cada vez que leo este término, pero se refiere a "la primera iglesia"), las comunicaciones eran fundamentales, y la manera para comunicarse a distancia eran las epístolas. Y muchas de ellas (no todas) han quedado registradas en el canon, en el conjunto de documentos del siglo I para que nos ayuden a vivir la vida de Jesús hoy. Los autores son varios: Pablo, el que perseguía y luego no; Pedro el apóstol, no el Picapiedra; Judas (el bueno, hermano de Jesús); Santiago, otro hermano de Jesús; Juan, el amado... y quizá alguno más.

Esas cartas son obras maestras con palabras medidas con cuidado, un sentido importante y profundo y si somos predicadores, ellas garantizan que nuestros mensajes llegarán lejos.

Poder leerlas hoy es una ventana a cómo vivía la Iglesia de aquella época los retos que la sociedad le presentaba. Como hoy, los primeros cristianos debían tomar decisiones creativas sobre las nuevas personas que entraban en contacto con el evangelio, las nuevas circunstancias, las costumbres que había, cómo organizarse internamente y cómo resolver los conflictos, que ya había bastantes en la Iglesia del siglo I. Lee por ejemplo I Corintios. No conozco una iglesia local más alucinante y complicada que esta. Había problemas nuevos y por eso había soluciones nuevas para esos tiempos.

En las cartas hay un diálogo que no vemos a primera vista, porque son respuestas a preguntas que se habían formulado, pero a nosotros solo nos ha llegado un lado del diálogo, aunque es más que suficiente. Podemos deducir cuáles eran las preguntas y así interpretar bien lo que se quiere decir. Si no, podríamos tener dificultades de interpretación, ha pasado demasiadas veces.

Contestar a las circunstancias adversas de la mejor manera suele ser el motivo detrás de estas epístolas. Los conflictos generaron creatividad para buscar posibles soluciones. Las dudas teológicas de los creyentes hicieron que Pablo usase su pluma para hacerles volar por encima de sus incertidumbres. No rechacemos los conflictos, pueden ser la semilla de la creatividad. Los mejores inventos son respuestas a las necesidades del momento.

Es en la tensión de la misión de la Iglesia donde se desarrollaron estos escritos fascinantes, de los cuales aprendemos aún. Quién sabe si tus momentos presentes de dificultad no son el acicate necesario para crear epístolas, soluciones a los problemas, que ayuden también a otros, hoy y en el futuro.

CIUDAD-JARDÍN

¡Apocalipsis! Da miedo, dicen. Es el final de este compendio llamado Biblia. Y como un buen final de fuegos artificiales, la última parte siempre es apoteósica (del griego apoteosis: reconocer que alguien es dios, divinizarlo). Si de creatividad se trata, el género apocalíptico está en el podio. A través de imágenes impactantes, con este género los judíos denunciaban injusticias.

De manera velada, mostraban las realidades presentes hablando de dragones, cuernos, vírgenes, caballos, colores, números, catástrofes naturales... pero con un final esperanzador. Si te gusta la literatura fantástica, libros como *Las crónicas de Narnia*, *El Señor de los Anillos*, *Blade Runner*, *Star Wars*... el libro de Apocalipsis es su génesis.

Juan, el artesano de este escrito, combinó el género apocalíptico, con otros dos: el profético y el epistolar. Escribió a siete iglesias consejos concretos para cada una de ellas, y luego presentó de manera apocalíptica el evangelio, vaticinando también tiempos futuros. Es una obra maestra.

Leída de corrido se puede disfrutar como una novela extraordinariamente bien hilada, llena de efectos especiales y situaciones alucinantes. Cuando terminas de leer Apocalipsis (del griego: revelación, destapado, desvelado) te sientes inspirado, desafiado a vivir de manera real la fe, a través de ejemplos muy llamativos pero que ahondan en tu ser.

Aún a pensar de la realidad de que a lo largo de los siglos Apocalipsis ha demostrado qué fácil es sacar cosas de contexto, fue incluido en el canon bíblico porque planteaba la narrativa de que en medio de las dificultades y las persecuciones presentes que se estuvieran viviendo, Jesús siempre terminaría triunfando.

Como una buena película que termina donde empieza o apelando al principio de todo, para darle un final redondo, al terminar la historia de Apocalipsis vuelve a aparecer un árbol, el árbol de la vida, que aparecía ya en Génesis, miles de años antes. Pero esta vez, no en Edén, un jardín, sino en una ciudad-jardín. La nueva ciudad que representa el avance técnico, la creatividad, divina y humana, el paso de la historia, combinada con el plan original de Dios. Con un árbol en medio, con fuentes de agua, con alegría desbordante. Donde todo vuelve a ser como al principio de la Biblia, pero ha avanzado, ha cambiado, ha crecido, ha mejorado.

A pesar de todo el marco narrativo que la Biblia plantea, de tropiezos, pecado, ruptura, dolor y sufrimiento, al final, lo que al principio solo era un proyecto bueno, termina convirtiéndose en realidad. Esta tierra se convierte en su cielo. El proyecto de jardín que debíamos cuidar, se convierte en una ciudad sostenible que abraza la creación de Dios; las lágrimas son enjugadas, lo que antes costaba dinero, ahora es gratis, y Dios se hace presente de manera incontestable. Los que tenían sed de justicia, serán saciados, todo termina de la mejor manera, para empezar la eternidad. Y yo quiero, necesito, formar parte de esa historia.

Un final hacia el que caminamos, una teología de la esperanza que impulsa la historia humana hacia adelante, que nos anima a implicarnos para ser "co-laboradores" del proyecto de Dios, con nuestra creatividad y nuestro arte.

No imagino un final mejor.

DESCARGA gratis un Bonus de este capítulo
en: **www.e625.com/artesano**

VOL. II

COLLAGE

Vivo en Valencia, una ciudad situada en la costa este de España, junto al mar Mediterráneo. Justo al lado opuesto del Mediterráneo está Biblos, en el Líbano, la ciudad más antigua del mundo.

Concretamente, mi día a día ocurre en Benimàmet (del árabe "hijo de Mahbar"), una pedanía de unos 15.000 habitantes donde hago la compra para la casa, me corto el pelo y saco a mi perra Leia a pasear. Aquí nació un arquitecto llamado Santiago Calatrava y hay una manera de hacer arte en mi ciudad y en la costa del Levante conocida como trencadís que básicamente consiste en usar pedazos rotos de azulejo y cerámica y colocarlos uno al lado del otro, con distintas formas y tonalidades.

ROTOS
Usando esta técnica se puede crear un mosaico de colores precioso, que no tendría ese brillo si no fuera por esas pequeñas piezas. Gaudí usó esta técnica en muchas de sus obras, incluso en la catedral de la Sagrada Familia en Barcelona. Es digno de ver y admirar.

El arquitecto valenciano Calatrava usó esta técnica para muchas de sus obras y lo sigue haciendo. Es conocido por su arte monocolor y sus monumentales estructuras, que generalmente son blancas. La Ciudad de las Artes y las Ciencias en mi ciudad (googléalo) es un ejemplo de lo que te estoy hablando. Allí se rodó la película "Tomorrowland". Su arte ha trascendido fronteras. Puedes encontrar sus construcciones y puentes en múltiples ciudades y países.

Buenos Aires y su Puente de la Mujer, Río de Janeiro, Dallas, el centro comercial en la Zona Cero en Nueva York, estaciones de tren en Italia, y otras obras en Portugal, Suiza, Irlanda, Alemania... y hasta un puente en Jerusalén son algunos ejemplos de su obra.

Cuando lo ves, identificas fácilmente su estilo; vayas donde vayas. Es inconfundible, te puede gustar o no, pero tiene la firma de su arquitecto. Me encanta la idea del trencadís. De un producto desechado, algo que se ha roto, que aparentemente ya no sirve para nada, se construye algo hermoso. De cosas que quizá son inconexas se puede hacer un collage extraordinario.

Cada pieza es única, únicamente rota, con aristas cortantes que nadie querría usar; pero junto a otras, si están en buenas manos, formarán un conjunto maravilloso.

El arte, el verdadero arte, parte de nosotros, de nuestras propias rupturas y realidades, como la vida. De lo que somos, creamos. Y entonces se convierte en algo único, algo nuestro.

"...también ustedes son piedras vivas, con las que se está edificando una casa espiritual". [9]

Piedras vivas, eso somos. Piedras sin tratar, sin un orden aparente, pero con las que se puede construir. Fruto de rocas que se rompieron durante años, golpeadas por el aire, la lluvia, u otras piedras. Piedras vivas, azulejos rotos. Nada de ladrillos uniformes y todos iguales, sino únicos, y que, con la argamasa necesaria, pueden ser útiles para construir un hogar, un puente, aunque no sea de Calatrava.

La Biblia plantea que estamos en un mundo roto, pero eso no quiere decir que no podamos hacer nada con él. Todo lo contrario: un artesano debe saber usar la materia prima que tenga, no solo física, sino también emocional y espiritual, social e histórica, para crear sus obras. El mundo sigue roto y las personas que habitamos en él, también y por eso debemos ser restauradas. A veces necesitamos ser más creativos para restaurar algo deteriorado que para empezar de cero una nueva obra.

Esa ruptura, en la cosmovisión bíblica, se llama pecado; no dar en el blanco, no acertar, estar estropeado. Y desde ahí podemos restaurar y construir, con nuestros pedazos rotos si aceptamos nuestra condición. Como artesanos de la vida, cuanto antes sepamos quiénes somos, antes podremos crear de acuerdo a lo que somos. Piedras vivas que son parte de una obra que va más allá de nosotros. Pero que nos da sentido, propósito.

Y no, no somos los primeros. La primera piedra de esa obra maestra fue Jesús mismo:

"... la piedra que desecharon los constructores
ha llegado a ser la piedra angular ...". [10]

Desechado, también, como nosotros. El Artista de los artistas, la piedra que podría sostener el mundo entero, fue desechada por los constructores, quebrantada por nosotros. Pero ahora es la piedra angular, la que sostiene todo el arco. Y nos invita, estemos como estemos, con nuestras grietas y

9- 1 Pedro 2:5
10 - 1 Pedro 2:7 NVI

formas raras, a situarnos en su construcción monumental: un templo nunca visto, no hecho de piedras, sino de vidas, que trascenderá fronteras y estará en todas las ciudades, una Iglesia que tendrá la firma de su Arquitecto.

A-R-T-E: POR PARTES.

El arte ha estado presente en la historia cristiana desde siempre. Desde el principio. Se han encontrado pinturas en las catacumbas donde los cristianos se escondían de la persecución. El arte bizantino, la ornamentación de las primeras "iglesias", e incluso el símbolo del pez —el *Ictus*— como arte simbólico en las puertas de las casas donde vivían creyentes, que se usaba como código secreto para congregarse, son algunos ejemplos.

La literatura también ha ido de la mano de la fe, ¡cómo no!, solo que es tan obvio que no lo vemos. Escribir, la poesía, la expresión literaria como arte, ha sido parte de nuestro ADN.

Ni hablar de la música, que nos ha servido siempre para orar "a una voz", para recordar, como muchas de las canciones que aparecen en las cartas de Pablo, que la gente recitaba para hacer

> # LA HISTORIA DEL ARTE NO SE PUEDE ENTENDER SIN LA FE NI EL CRISTIANISMO

memoria de lo que había pasado. Porque el arte tiene una función pedagógica importantísima. Tarareamos canciones, no sermones.

Más: ¡el arte de la predicación!, de hablar en público, la "homilética" (adivina, del griego: homilétikos, reunión, homileos, conversar: reunirse para conversar), una palabra con la que todos los estudiantes de seminario están familiarizados, y que es básicamente un arte. Cómo presentar, con elegancia y estilo, un discurso espiritual. Es el arte y la ciencia de la predicación cristiana.

Luego llegó la arquitectura. Las catedrales en forma de cruz eran los edificios más altos de las ciudades en la Edad Media en Europa, y marcaron épocas: el románico, el gótico... En ellas, los artistas exploraban nuevas técnicas de construcción para hacerlas cada vez más altas y luminosas. Y podría continuar: la escultura, el baile, la decoración de interiores...

El arte siempre ha sido parte de nuestra fe y la historia del arte no se puede entender sin la fe ni el cristianismo.

Los artistas de vanguardia (los que se ponían en primera línea, lo contrario de retaguardia) eran avalados por la Iglesia para que siguiesen explorando con nuevas propuestas artísticas, embelleciendo este mundo, expresando lo que somos y comunicando mensajes. Abriendo camino para los demás. Pero la relación se fue deteriorando; suele pasar en toda relación que intenta perdurar y dejamos de darnos la mano. Terminamos señalándonos y aislados.

Estoy generalizando, pero a grandes rasgos, y salvo raras excepciones, parece que, en el siglo XX, el arte iba por un lado y la Iglesia por otro y eso no ocurrió de la noche a la mañana; pero lo que ocurra en el XXI será cosa nuestra.

Algunos pensadores se dieron cuenta y quisieron volver a poner en conversación ambas partes. Entre ellos Francis Schaeffer. Permíteme presentártelo.

Misionero norteamericano, presbiteriano, fundó en Suiza junto a su familia un lugar para dialogar con la cultura: l' Abri (el refugio). Allí conversó con muchos jóvenes hippies de finales de los 60 y la década de los 70, y vivió en primera persona las consecuencias del Mayo Francés del 68. Su atuendo era extraño, parecía un tirolés suizo: pantalones bombacho y tirantes o un jersey de lana.

A raíz de muchas conversaciones (dicen que escuchaba más que leía), escribió varios libros sobre apologética, filosofía, cultura... y uno sobre arte. Tenía un amigo, Hans Rookmaaker, catedrático de historia del Arte en Amsterdam, que influenció mucho en su pensamiento. Fruto de esa amistad surgió el libro de Schaeffer titulado Arte y Biblia. En él, plantea cuatro criterios para valorar una obra de arte:

1. La excelencia técnica.
Cuando nos acercamos a una obra de arte tenemos que tener en cuenta sus logros técnicos evidentes, su calidad artística y la evidente excelencia en su ejecución; ya sea una actuación teatral, la interpretación de una canción, un cuadro impresionista, la composición de una fotografía o el guion de una película. De tal forma que, aunque no estemos de acuerdo con la cosmovisión que plantea, podemos disfrutar de su técnica, de lo "bien hecha que está".

Por ejemplo, hay canciones tristes que presentan un mundo sin esperanza y con un final de la vida que no comparto, pero, aun así, puedo disfrutar de la obra en sí, e incluso reflexionar sobre "por qué" esa canción habla de eso y cómo responder a esa cosmovisión. Puedo disfrutar de su poesía, su melodía y su consistencia interna, e incluso empatizar con la situación del autor mientras paladeo sus melodías y líricas. Y aprender.

2.La validez.
Se refiere a la actitud del artista que es honesto consigo mismo y con su

filosofía de vida y planteamiento artístico, que no lo hace solo por aplausos y dinero. Hoy en día hablaríamos de falta de validez en una obra de arte cuando se hace de manera "comercial", para ser vendida como un fin en sí mismo. Esto le resta "validez" a la obra, hace que no trascienda.

Siguiendo con el ejemplo de la canción: si trata una temática superficial, sin conexión con la realidad, usando clichés, frases parecidas a las que los demás dicen (aún incluso con temática "cristiana"), con el estilo de música que justamente ese año está de moda... pierde validez. En cambio, una canción tiene validez, aunque no compartamos su punto de vista, cuando el autor es sincero con su propuesta, y plantea preguntas y respuestas honestas acerca de la vida, con un estilo personal de componer e interpretar.

3. La cosmovisión que transmite.
Toda obra artística plantea una manera de ver el mundo, la realidad, una explicación de cómo son las cosas y por qué. Queriendo o sin querer, siempre se hace una propuesta con el arte: "así es como yo lo veo", sea con la expresión artística que sea. Este punto es importante para nosotros.

Puede que en nuestro arte no ponga "made in Jesús", puede que nuestras canciones no digan "Dios", pero podemos plantear la cosmovisión cristiana cantándole al amor, a la justicia, a la naturaleza, a la amistad, las realidades sociales, o escribiendo sobre política, ciencia, filosofía, economía, etc.

Siempre planteamos una cosmovisión con lo que creamos. Incluso puede darse el caso inverso: mencionar a Jesús para plantear una cosmovisión no cristiana, usando su nombre para excusar nuestra manera de ver el mundo. Cuidado.

4. La armonía entre forma y fondo.
Es decir, si el vehículo artístico es el apropiado para el contenido que transmite, el mensaje. En palabras de Schaeffer: "El más grande arte producido por el hombre armoniza la estructura usada con el mensaje que se quiere comunicar". Y también, añadiría yo, con la función que quiere cumplir. Siguiendo con nuestro ejemplo, no sería muy prudente componer una canción a 120bpm, una canción rápida, con ritmo de salsa, para un velatorio (a menos que el fallecido lo hubiera pedido expresamente, claro).

Seguro que podemos encontrar más, pero con estos cuatro criterios seremos capaces de acercarnos al arte, el propio y el ajeno y disfrutarlo con una mirada crítica y madura para distinguir sus diferentes capas.

¿Estamos siendo honestos? ¿Se adecua nuestro arte al fin que buscamos? ¿Está hecho de manera excelente? ¿Expresa la manera de ver el mundo que quiero trasmitir?

T-E-A-R: LÁGRIMA

Es hora de que nuestra creatividad sea consciente del dolor que nos rodea. Tenemos una crisis de realidad en la Iglesia. De honestidad. De validez.

Parece que todo lo que rodea al cristianismo y su arte es triunfalismo, éxito, evasión. Al menos es la imagen que damos hacia afuera.

Dios pareciera ser solo el Dios de los exitosos, de los vencedores, de aquellos que alcanzan sus sueños, de los que tienen "fe" y no dudan nunca de nada; pero ¿qué hacemos con el dolor y el fracaso? ¿son solo consecuencia de la ausencia de Dios? Claro que no y la Biblia lo deja muy claro en historias como la de Job.

La realidad humana es compleja y, cuanto antes abordemos esa complejidad, mejor será nuestro arte. Echo de menos en los cristianos artistas un poco de esa sinceridad. ¿Acaso no tenemos dudas nunca? ¿Es cierto que todo siempre nos va bien con Dios?, ¿que todo es fácil?, ¿que vivimos en las nubes cantando canciones de adoración junto al arcángel Miguel? Creo que no. Las verdaderas expresiones artísticas que han trascendido al tiempo son aquellas que han tenido en cuenta la realidad que las rodeaba, aunque fuera contradictoria, y que, desde esa realidad, presentaban la esperanza cristiana.

Eso es lo que hizo Jesús: Él vino a enjugar toda lágrima, pero para eso alguien tiene que llorar. ¿Somos conscientes de ello?, ¿de que aún lloramos? Espero que sí. Jesús lloró.

El versículo más pequeño del Nuevo Testamento nos recuerda cuál es la semilla de lo que hacemos. Después de llorar, Jesús hizo una de las obras maestras más increíbles de su ministerio, un poco antes de la semana de la pasión: resucitó a Lázaro. Piénsalo bien. La materia prima no era la mejor, no tenía vida, pero Él tenía la creatividad suficiente para levantarlo de los muertos. Pero antes lloró, le dolía la situación humana, la de su amigo y la de la gente que le rodeaba; los entendía y compartía con ellos la incomprensión. La luz se hace mucho más brillante si está rodeada de oscuridad como las estrellas solo se ven de noche.

La vida de Jesús es un extraordinario ejemplo de esto. Es en su sinceridad desgarradora donde todos aprendemos y somos sanados. Su mensaje nunca fue triunfalista, ni escapista; siempre fue real, auténtico, empático y, por lo tanto, divino. El vino a enjugar toda lágrima, nosotros también. Es en ese contexto donde debemos crear.

T-R-A-E: PROPUESTA

Y nosotros, ¿qué ofrecemos?, ¿qué traemos?, ¿cuál es nuestra propuesta? No es una religión, ni siquiera una serie de "principios espirituales". Tampoco una mera "relación" que tan de moda está. Ni un consuelo barato para el dolor, o la fórmula para que te vaya bien. No. Tampoco son consejos prácticos moralistas o una filosofía sobre la que actuar. No. Es mucho más.

Se trata de lo que Jesús trajo: una cosmovisión, el Reino de Dios. Una nueva manera de pensar y de sentir; de relacionarnos con Dios y con lo demás. Una realidad última a la que apuntar en medio de las circunstancias. Un proyecto que engloba toda la vida, lo que somos y seremos, no solo nosotros, sino todos los seres humanos de la Tierra. Una identidad que depende de lo que Dios ve en nosotros: hijos amados.

Se trata también de las cosas últimas. No todo termina con la muerte, sino con la resurrección. Tenemos la propuesta más potente que existe sobre la faz de la Tierra, no podemos limitarnos a convertirla solo en una religión, en el peor sentido de la palabra. Y en el centro, una persona: Jesús, que explica la realidad como nadie. Todo es por Él y para Él. Una propuesta holística, seria y completa.

PARECE QUE TODO LO QUE RODEA AL CRISTIANISMO Y SU ARTE ES TRIUNFALISMO, ÉXITO, EVASIÓN

La cosmovisión cristiana explica mejor que ninguna otra cómo somos los seres humanos y por qué somos así. Por qué el mundo es así. Por eso no debemos temer el estudio sociológico ni filosófico, ni histórico ni psicológico. Si Jesús estaba en lo cierto, las evidencias están de nuestra parte. Y somos llamados a traer y continuar con su propuesta en todos los ámbitos de la vida.

Por ejemplo, Henri. Con diecinueve años y junto a un grupo de amigos, inspirado en la vida de Jesús, fundó "la asociación del jueves" en Ginebra, Suiza. Básicamente, era un grupo de jóvenes que se reunían para leer la Biblia y ayudar a los pobres, visitar a la gente en prisión... La compasión de Jesús era inspiradora para Henri y marcaba las decisiones que tomaba y las propuestas para el mundo que quería bendecir. Unos años más tarde, fundó en Ginebra la Asociación cristiana de hombres jóvenes, YMCA (la de la canción) y tres años más tarde, en París, ayudó a redactar los estatutos de dicha organización a nivel internacional. Pero no contento con eso, continuó con su propuesta, con la cosmovisión de su maestro y siguió creando iniciativas para ayudar a los desfavorecidos. Después de uno de sus muchos viajes, se propuso crear una organización neutral para proporcionar cuidados a los soldados heridos, fuesen del bando que fuesen. Movió todos los hilos y contactos que había hecho en su vida. Escribió un libro inspirador que regaló a los líderes de toda Europa que creía que podían llevarlo a cabo. La primera reunión de dicho proyecto fue en febrero de 1863, lo llamaron: Comité Internacional de la Cruz Roja...

...Un año después, fue el impulsor de la famosa convención de Ginebra, cuyos convenios protegen a las víctimas de los conflictos armados y en 1901, fue galardonado con el primer premio Nobel de la Paz.

Henri Dunant fue fiel a lo que leía con sus amigos en la Biblia los jueves y esa cosmovisión hecha obra continúa afectando al mundo hasta hoy.

MoMA DE NUEVA YORK

Visitar el Museo de Arte Moderno en Manhattan es toda una experiencia. Iba con mi mujer, Geraldine, y con el carné de estudiante (seguimos estudiando, tenemos complejo de Peter Pan) nos ahorramos unos dólares.

Con el arte moderno, a veces uno no sabe qué creerse, si le están tomando el pelo o está ante una obra maestra que es incapaz de comprender. Tienes la tentación de pensar: "Ojalá fuera más inteligente para poder disfrutar esto". Pero hay líneas que se han cruzado hace décadas, que, a mi juicio, son un reflejo de una cosmovisión que está rota, estropeada, sin punto fijo sobre el que construir y sin ánimo de restaurar nada.

En un lado del museo había una cama, normal, como la de mi casa, y un cartel delante con el título de la "obra". Más adelante, vi un chorizo, cortado, como el que venden en cualquier tienda de mi ciudad, con un cartel. Entré en otra sala y había una silla, con una sábana encima, con un cartel, el cartel es fundamental. También un parabrisas de coche roto en el suelo, y su cartel. Y un extintor colgado en la pared, sin cartel; entendí que no era una obra de arte, solo un objeto de seguridad por si a alguien se le ocurría quemar algo.

De repente, en otra sala encontramos un cuadro de Salvador Dalí, otros de Joaquín Sorolla, Picasso, Van Gogh, y los maravillosos nenúfares de Monet. También vi tres balones de Basketball dentro de un acuario con agua. Con cartel. Estaba confundido. Me preguntaba cuánto valdría yo si me pusiera un cartel.

Muchas voces expertas se están levantando para hablar de que nos están tomando el pelo. Demasiado esnobismo, sin técnica, sin conocer las normas estéticas que se están rompiendo, sin criterio porque "arte – dicen – es todo lo que hace el artista". Vanidad de vanidades, todo es vanidad.

Ya veremos. Hay documentales que explican cómo todo este absurdo ha llegado a niveles incomprensibles. No voy a pronunciarme más frente a esto. En cualquier caso, estas obras reflejan la cosmovisión de sus creadores, y este es el punto. ¿Cuál es la alternativa a la propuesta de Jesús? Si llevamos hasta las últimas consecuencias nuestra libertad para crear, que todo es aleatorio, que nada tiene sentido, ¿qué obras de arte reflejarán esto? ¿Sobre qué cimentaremos nuestra vida y nuestros valores morales? ¿Sobre lo que opine la mayoría en un momento histórico determinado? ¿Sobre lo que más se anuncie en televisión o en las redes sociales? ¿Qué es bueno y que es malo? ¿Qué tiene valor y que no? ¿Qué o quién lo determina?

En el caso del *MoMA*, un cartel.

No lo dudes: la manera de pensar del artista se refleja en sus creaciones. Si la sociedad está como está, si las injusticias siguen vigentes, si crees que la inmoralidad está a la orden del día, no le eches la culpa al "sistema", como si fuera un ente no identificable, algo que no podemos palpar. Se trata de una creación, una creación cultural y, como tal, está creada por hombres y mujeres que determinan con su cosmovisión cómo quieren su mundo. Si este mundo no tiene sentido, o si el entretenimiento parece la única vía de escape, es porque detrás hay personas que con sus propuestas filosóficas y artísticas nos llevan hasta ese punto.

El mundo es como un gran museo, lleno de obras. Algunas con carteles y otras sin ellos. Este mundo refleja lo que hemos creado, somos responsables de él. Y podemos limitarnos a pasear por sus pasillos, pagando el mínimo con el carné de estudiantes, o intentar crear nuevas obras que reflejen quiénes somos, quién es el artista de verdad y quién sólo nos está tomando el pelo. En el museo convivirán todas las obras por un tiempo, intentando llenar más salas, llamando la atención de los visitantes, aunque espero que algún día venga el que tiene el criterio último, para decidir qué obras se quedan en la exposición y cuáles no. Sin duda, algunas obras serán desechadas y otras recompensadas. Ese día, el extintor sin cartel no será suficiente.

R-E-T-A: MOVILIZA

—Cerebro, ¿qué vamos a hacer esta noche?
— Lo mismo que hacemos todas las noches, Pinky: tratar de conquistar el mundo.

Pinky y Cerebro, dibujos animados de Warner Bros.

Cambiar el mundo. Conquistar el mundo. Suena épico. Pero es muy grande. Además, ¿qué es el mundo?, ¿el planeta Tierra?, ¿sus habitantes, incluidos todos los animales y plantas? Quizá tenga que ver más con el sistema que hay detrás, o estructuras de pensamiento, con las sociedades, con las culturas... A lo mejor es todo. Y todo es mucho, demasiado.

Pinky y Cerebro, dos ratones pequeños que siempre intentan hacer grandes cosas, pero no suelen trascender más allá de su laboratorio. Es un "quiero, pero no puedo". Cuando se cuentan historias que cambiaron el mundo, nos sentimos demasiado pequeños. Nos repetimos a nosotros mismos que no podemos cambiar el mundo. Y, ¿sabes qué?, es verdad, no puedes. Es demasiado. Es más, no solo no puedes, no podemos. Juntos. Cuando el cristianismo se hace tan grande que se convierte en cristiandad, cuando deja de ser un movimiento en los márgenes, se estropea. Cuando no cumple su función de sal y pretende ser el ingrediente principal de la olla, sabe mal.

La historia lo repite vez tras vez. Lo enseña a través de aquella Europa en la que nacías y automáticamente eras cristiano, donde las cruzadas estaban a la orden del día, la persecución de los judíos estaba de moda, y pagar para que tu primo no fuera al infierno era algo normal.

Cuando las élites ostentan el cristianismo como bandera para excusar sus políticas, se estropea, se degenera. Porque pagamos el precio de extendernos, pero perdiendo profundidad, como un océano muy grande, pero con un centímetro cúbico de agua, que con un poco de sol se queda totalmente seco.

No, no hagamos eso. Tristemente la historia se repite y quizá se traspasa de un continente a otro. Querer controlar el movimiento cultural es una locura. Queremos tener la estrategia para hacerlo: paso uno, paso dos y luego, como resultado, el tres. Una mezcla del juego de Risk y demasiada televisión.

Además, el mundo es un collage. Es mundos, culturas, sociedades, en plural, y todas juntas y entremezcladas. No hay mapa para situarnos ni en tiempo real. En una misma ciudad, en una misma universidad, conviven muchos mundos, muchas cosmovisiones y, aunque compartimos códigos de convivencia, también somos singularmente diferentes. Cambiar el mundo. No podemos cambiar a todo el mundo de la misma manera.

Pero sí podemos cambiar el mundo de alguien.

Podemos crear objetos culturales en los que la gente pueda vivir. Literatura, canciones, códigos de lenguaje, tecnología, videos, cortometrajes, diseño de ropa sostenible y justa, métodos nuevos de enseñanza... Hacer real el cambio en nuestro contexto inmediato, eso sí lo podemos hacer con la ayuda de Dios.

Jesús es el que puede cambiar el mundo. De hecho, ya lo ha hecho, lo sigue haciendo. Él puede cambiar la/s cultura/s. Nosotros no. Pero podemos incluirnos en Sus planes, una vida a la vez, una etnia (del griego: familia extensa, pueblo que comparte idioma, costumbre e historia) a la vez. Es hora de ser concreto. Ese es el reto que propone la creatividad: crear cosas concretas, materializar ideas. Y movilizar. Generar movimientos en otros. Inspirar a otros para seguir la estela de Jesús.

La Iglesia jamás debe dejar de ser un movimiento para convertirse solo en una estructura estanca que "gobierna". Si se detiene, se duerme. Si se conforma, se deforma. Y todo movimiento cultural, contracultural, siempre va acompañado de nuevas expresiones artísticas que acompañan a su mensaje. Siempre. Nuevas canciones, nuevo sentido estético, himnos, literatura, cine. Lo hemos visto en la Reforma, en el movimiento Hippie, en el rock & roll, con los impresionistas, los cuáqueros, el hip-hop y hasta en la Revolución

NO PODEMOS CAMBIAR A TODO EL MUNDO DE LA MISMA MANERA

Francesa. El arte desafía, plantea una cosmovisión, moviliza, desestabiliza la ecuación, no siempre para bien. No puedo controlar los resultados, son demasiado impredecibles, pero puedo sumar mi granito de arena y también movilizar a otros.

El arte es una responsabilidad, tengámoslo siempre en cuenta. No es solo lo que quiero hacer, es lo que debo. Como cristianos, el amor al prójimo, el mandamiento fundacional de nuestro movimiento, debe estar presente en todo lo que hacemos. Prójimo, próximo, cercano, al lado.

Es el reto que nos debe mover dejando que Dios sea el que mueva el mundo, que lo cambie, lo restaure, lo salve. Como hace conmigo.

EL SÍNDROME DE LA SNITCH DORADA

Sé que nunca has jugado al Quidditch. Pero si has leído o visto alguna película de Harry Potter, sabes de lo que te estoy hablando. Es el deporte más popular en su universo. En él se enfrentan dos equipos en el aire, volando, y se anotan tantos de diez puntos cuando una bola conocida como Quaffle se introduce en el aro correspondiente. Mientras tanto, otra bola, la Snitch Dorada, vuela a gran velocidad a través del campo de juego. En cada equipo hay un jugador, el buscador, cuya función es atrapar la Snitch, algo sumamente complicado. Pero cuando la alcanza, suma ciento cincuenta puntos a su equipo y se acaba el partido. Si quieres conocer las otras normas: Wikipedia.

Normalmente, la captura de la Snitch dorada es lo que decide cuál es el equipo ganador. Capturarla es la prioridad, y todo lo demás parece carecer de importancia. Esta imagen es una parábola perfecta de lo que a veces queremos hacer con el arte, la cultura, y con lo de ¡cambiar el mundo!

Queremos que alguno de los nuestros, alcance la Snitch, y mientras tanto, los demás, jugando. Queremos encontrar la bala de plata cultural. Esperamos "la canción" que de verdad convencerá a nuestra sociedad, "el libro" que lo cambiará todo, "la propuesta" revolucionaria, la "iglesia modelo" que funcionará y se llenará en cualquier lugar, la "película de Jesús" que emocionará y evangelizará en todas las salas por encima de Titanic, "la vacuna" para todos los males... La Snitch Dorada.

Muy de vez en cuando, estas cosas ocurren. Normalmente son cosas muy vistosas, pero no producen cambios reseñables. Son la excepción que confirma la regla. La verdadera transformación ocurre poco a poco. Con pequeños cambios que terminan convirtiéndose en hábitos colectivos. Con pequeñas semillas que, con paciencia y tiempo, ocupan todo un campo. De formas más humildes, pero duraderas. No son tan espectaculares, pero sí reales.

Cuando en el Imperio Romano había una plaga, una enfermedad que asolaba una ciudad, todo el mundo abandonaba el lugar y los enfermos se quedaban allí. Dejados a su suerte, morían por desnutrición y falta de cuidados. No había conciencia de compasión. Sálvese quien pueda.

Los cristianos y su amor al prójimo, su conciencia social heredada por ese Jesús que se acercaba a los leprosos, eran los únicos que se quedaban. Algunos enfermaban, no tenían una protección divina especial, ni eran "superálguienes". Pero usaban el sentido común (Mafalda decía que era el menos común de los sentidos) y creaban esperanza en esas personas. Los limpiaban, los alimentaban y, con el conocimiento que tenían y a través de ensayo y error, muchos se recuperaban.

Al pasar la crisis, la ciudad sobreviviente resultaba estar llena de creyentes, seguidores de Jesús que, sin querer, habían sido héroes, y de gente sanada que había sido atendida por cristianos y que habían experimentado el amor de Dios, de las manos artesanas de médicos improvisados. Los que regresaban, veían cómo algún vecino cercano o algún familiar del que habían perdido toda esperanza de volver a ver estaba allí, rodeado de un grupo de personas que habían transformado una ciudad. Sin pretensiones. Solo siguiendo la inspiración del Maestro artesano.

¿Cómo se explica que, en un puñado de generaciones, el cristianismo fuese la creencia mayoritaria en todo el Imperio? ¿Fue por algún predicador ultra carismático que los convenció a todos? ¿Un nuevo estilo de "salmista"? ¿Fue gracias a que Constantino hiciera del cristianismo la religión oficial del Imperio? No, eso quizá fue un paso en falso. Ocurrió mucho antes. Antes de que "los cristianos" ostentasen el poder. Antes de que se diera un golpe efectista o de suerte. Fue el trabajo continuo de hermanas y hermanos anónimos que fueron las semillas de mostaza que casi no se veían, pero que decidieron ser enterradas y hacer algo en esta tierra que mereciera la pena. Entonces crecieron y se hicieron grandes árboles donde naciones enteras pudieron encontrar cobijo.

No esperemos la "bala de plata".

El Quidditch parece un juego divertido. La Snitch Dorada finalmente era atrapada por Harry subido en su escoba voladora Limbus 2000. Pero no deja de ser pura fantasía.

MULTIFORME

"Cada uno ponga al servicio de los demás el don que haya recibido, administrando fielmente la gracia de Dios en sus diversas formas [multiforme]".
1 Pedro 4:10 NVI

Dios es más grande que nuestros programas de discipulado. Si eres un artista, una de las cosas que más te producirá urticaria es lo estándar, que todo el mundo pase por el mismo aro y proceso. Curso uno, luego el dos, un programa completo para todo creyente; convirtiendo la Iglesia en una cadena de montaje de cristianos, modelo Terminator: "Volveré". Hablando con el mismo acento, las mismas frases manidas, sin ni siquiera una reflexión profunda. Repitiendo como loros, pero sin progresar. Copiando lo bueno y también lo malo. Dejando de lado lo único de cada ser humano y aplaudiendo cuando se es un cristiano más, de acuerdo a como lo habíamos planeado.

Además, se extiende de lo personal a lo comunitario. Iglesias que copian la estética de otras iglesias, las mismas frases en sus eslóganes: "¡Ven expectante para ver lo que Dios va a hacer!". El mismo tipo de letra (gracias a Dios hace tiempo que pasamos la época de Comic Sans), las mismas fotos y sonrisas, ¡la misma ropa! Y, si no te fijas bien, el mismo pastor; son demasiado parecidos: en su outfit, en sus oraciones, en su pose y hasta en sus familias perfectas de película de televisión de Serie B. Todo predecible, algo que es un pecado capital en un buen guion que se precie.

Sigo. Las mismas canciones y la misma lírica, y el mismo discurso, que ahora se dice "speach". Las mismas reacciones del público o del pueblo, como les quieras llamar. Ahora se ha puesto de moda decir ¡wow! cada cinco segundos, ya se les pasará.

Y —esto lo digo para desahogarme, para hacer catarsis (del griego: purificación)—: el mismo humor, los mismos chistes. Y hasta aquí podíamos llegar.

Todo lo demás lo puedo soportar (soportaos los unos a los otros), pero tengo mis límites. Los mismos chistes no. El humor es algo demasiado serio como para maltratarlo así. Es todo un arte. Fin de la catarsis.

En serio, necesitamos una dosis de creatividad en nuestra vida y nuestras iglesias. Debemos volver a la belleza de la diversidad, a cómo Dios hace las cosas.

Porque el arte de Dios es exuberante y diverso. Es multiforme. Toma muchas formas, debe tomarlas. La multiforme gracia de Dios a lo largo de la historia ha hecho que creyentes de todas las culturas podamos expresar la fe y encarnarla desde lo que somos, no desde lo que son otros. La imitación puede servir para el aprendizaje, pero los artistas no pueden limitarse a imitar.

Estandarizarlo todo puede hacer que las cosas vayan más rápido, pero el precio que se paga es alto: deshumanizar y convertirnos en máquinas donde la creatividad, lo diverso, es un estorbo para la producción en cadena. Jesús, como maestro creativo, trataba a cada uno de manera diferente y adecuada a la situación: Pedro y su impulsividad, Tomás y su incredulidad, Marta y su impaciencia, Juan y sus excesos de ira, hasta Judas y su corazón conflictivo. Jesús los trataba de manera diversa, no tenía un modelo estándar. Su multiforme gracia se expresaba hasta en sus multiformes milagros.

Lo mismo sucedía con las iglesias del siglo primero. Una lectura de las cartas de Pablo hace ver que los estilos de liderazgo eran diferentes en Éfeso con respecto a Creta o Tesalónica. Que la manera que tenían de reunirse era distinta en Corinto y en Jerusalén. Que el tipo de personas que había en Galacia y sus circunstancias eran distintas de las de Filipos. Y era genial que así fuera. Es más, los énfasis teológicos de Pablo no son los mismos que los de las cartas de Juan, y a su vez, estos no son los mismo que los de Pedro, o los de Santiago.

Que sean complementarios no significa que fueran de pensamiento único, uniformes, como los que nos obligaban a ponernos en el colegio y solían ser de tonos grises y apagados. Dios no nos quiere uniformes, sino multiformes. Incluso en el Nuevo Testamento vemos cómo la diversidad era algo que enriquecía a la teología, y el diálogo que se percibe dentro del canon es una de las cosas que más ha producido avance en la Iglesia hasta hoy.

Esta manifestación de creatividad social, impulsada sin duda por el Espíritu Santo, que es inspiración divina para cada uno nosotros, hacía que la Iglesia fuera imparable, que se autocorrigiera durante el proceso y que "salara" de maneras creativas el contexto al que había sido enviada. Expresaba de muchas formas el mensaje "dado una vez a los santos".

La corriente siempre nos empujará a estandarizarnos, a ser como los demás. Pero algo dentro de nosotros, Alguien, nos está invitando a expresar lo divino, que es multiforme y único, siendo auténticos, para darle "validez" a nuestras obras y a nuestra vida. Respetando nuestras personalidades y viviendo y compartiendo nuestra fe de múltiples maneras.

> **LA IMITACIÓN PUEDE SERVIR PARA EL APRENDIZAJE, PERO LOS ARTISTAS NO PUEDEN LIMITARSE A IMITAR**

EL MURO

Se terminó de construir en 1961 y se derribó el 9 de noviembre de 1989. Fue un monumento a la separación entre las dos Alemanias como consecuencia de la Segunda Guerra Mundial. Un símbolo de ruptura entre dos maneras de ver el mundo que ha marcado la historia de siglo XX. La importancia de la caída del Muro de Berlín es tal que algunos la consideran la fecha de entrada al siglo XXI, culturalmente hablando.

Esta muralla partía la ciudad en dos. Separaba familias, amigos, a la gente de una misma etnia. Estaban cerca y extremadamente lejos. Paradoja.

Siglo XXI, Facebook. Un muro extraordinario, pero esta vez con la propuesta de conectar a la gente. De repente te encontrabas con amigos de hace veinte años, fotos de los 80 y los 90. Era milagroso. Hoy nadamos en las redes sociales, es nuestro hábitat, pero cuando comenzó todo, en el momento efervescente, una nueva era de relaciones verdaderas, recuperadas, hacía su aparición.

Publicabas en el muro e instantáneamente conectabas, afectabas a mucha gente. Ahora, si eres un influencer, a miles, cientos de miles o millones en un clic. En Twitter, expresabas tus ideas en ciento cuarenta caracteres, luego unos pocos más. Y así, red tras red, Instagram incluido, parecía que nuestras mentes estaban cada vez más conectadas y de formas más rápidas.

Necesitamos estar subidos en el tren de las comunicaciones y aprender a usarlas de forma creativa y responsable, ya sea a nivel personal o para ayudar a nuestra vocación. Es un medio extraordinario. Pero como tal, también entraña peligros cuando se convierte en un fin en sí mismo. Se pervierte. Se transforma en un ídolo. Y por lo tanto nos distorsiona a nosotros.

Con las redes han crecido el *exceso de información y la falsedad*. Como artistas, artesanos, estudiantes, ¡seres humanos!, debemos aprender el arte de comunicar bien en esta nueva plataforma, un nuevo escenario teatral, un púlpito que ya no es de madera, sino de bits. Quizás te encontraste con un refrán que dice: "Eres más falso que un amigo del Facebook". Yo añadiría: y que una noticia del Facebook. La posverdad nos ha invadido. Fue la palabra del año hace no mucho tiempo atrás según el diccionario de Oxford. En el postmodernismo, la posverdad ha sustituido a la verdad.

Ya no importa quién tiene razón, sino quién comunica más, quién convence. De las trece noticias que leas en las redes, es probable que doce sean *fake news*. De los diez discursos de un político, cree la mitad. Hemos perdido credibilidad y tenemos mucha, mucha información. Y no somos capaces de procesarla toda. Sin duda, un collage de comunicación que debemos aprender a interpretar y discernir.

Una de las formas más útiles de mantener a la gente desinformada es no informando. La información es poder. Pero la otra, es decir muchas cosas, demasiadas, ruido que distraiga constantemente y que impida que nos centremos. Y eso es lo que pasa hoy. Posverdad sin escrúpulos. La verdad nos hará libres, la posverdad libertinos, para hacer lo que nos dé la gana. Con tanto ruido, la comunicación sincera se vuelve imposible.

Y abrirse camino con una propuesta creativa, con una nueva idea en este bosque de "inputs", es muy complicado. Y nosotros lo alimentamos. Antes se valoraba mucho el no decir nada, el secreto, el guardar silencio para darle espacio a la reflexión, respetar la intimidad de cada uno, sus tiempos. Ahora hemos cambiado el "pienso, luego existo" *(cogito ergo sum)* de Descartes por el "tengo perfil de redes, me comunico constantemente, luego existo". Y aunque somos la generación más interconectada de la historia, somos la generación más solitaria. Paradoja.

Por ganar el mundo, perdemos nuestra alma.

El segundo punto, la falsedad, me preocupa aún más. En realidad, no comunicamos desde nosotros, sino desde un personaje ideal, alguien que no existe, y mostramos a todos lo felices que somos. Personajes con vidas extraordinarias, fotos de parejas siempre abrazadas, sacadas de "la casa de la pradera", adolescentes con complejo top models siempre perfectos. Pero no somos nosotros. Nosotros nos escondemos detrás de ese muro. Ahora puedes incluso maquillarte después de hacer la foto y retocarte tanto que llegas a ser irreconocible. El photoshop se ha democratizado, y para aceptarnos buscamos los "me gusta" de otros con una foto donde ni siquiera somos nosotros mismos (¡!).

Y sacrificamos nuestra vida real en el altar de la "nueva publicación".

Descuidamos nuestro presente y nuestro aquí para seguir vigentes en el mundo virtual.

Tanto artistas, jóvenes y adultos jóvenes, estudiantes de universidad e instituto, preadolescentes, runners y demás fauna, todos proyectamos un "yo que no soy yo". Somos perfiles encarnados, y lo hemos trasladado a nuestro día a día. Pero, como dice Henri Nouwen: detrás de un personaje perfecto, siempre hay una persona que llora. Siempre.

DIOS NO VINO A SALVAR AL PERSONAJE PERFECTO, SINO A LA PERSONA QUE LLORA

Como movimiento damos también la mejor imagen: iglesias siempre exitosas, siempre llenas, manipulando el enfoque de la foto para que no se vea ni una butaca vacía.

Pero hay líneas que no debemos cruzar.

Somos artesanos, no vendedores de humo. Las redes sociales son una bendición si las manejamos con sabiduría, como todo en la vida. Pero hay una diferencia abismal entre el uso y el abuso. Nuestro arte no puede pervertirse por los medios que usamos para comunicarlo. Abogo por ser auténticos, por una expresión más reflexiva, profundizada. Para ello es necesario silencios, tierra en barbecho. Si todo lo que ocurre es importante nada lo es.

Seamos honestos y amables, seamos coherentes y sabios. Vivimos en un collage grandioso y debemos movernos con prudencia. Como Jesús en su época. Dios no vino a salvar al personaje perfecto, sino a la persona que llora. Él ve más allá de nuestros "muros", nuestros ídolos en los que gastamos tiempo y vida. Que la posverdad no nos condicione ni nos engañe con sus propuestas de "el que más comunica, gana". No.

Actuemos en consecuencia, quizá debamos derribar algunos muros como en 1989 y, de esas piezas rotas, hacer nuestro propio collage. Una diferencia artesana.

DESCARGA gratis un Bonus de este capítulo
en: **www.e625.com/artesano**

VOL. III

PERFORMANCE, ARTE EN VIVO

El mundo del siglo I tenía su escala de valores, su manera de vivir, su ética y filosofía. Pero hubo un reset en la historia. Un artesano con una cosmovisión provocadora y subversiva, cambiaron todo para siempre.

Lee estas palabras lo más lento que puedas:

"La actitud de ustedes debe ser como la de Cristo Jesús...". Filipenses 2:5

"Me gusta tu Cristo, no me gustan tus cristianos... Tus cristianos son tan diferentes a tu Cristo...". Mahatma Ghandi

CRUZ

No existe un símbolo más terrible, cruel y deshumanizador. Es una creación horrenda. Una tortura meticulosamente diseñada para que el ajusticiado sufriera lo máximo posible y fuera avergonzado públicamente, totalmente desnudo. Fue un invento persa, digno de los torturadores más sanguinarios. Miles de personas sufrieron esa condena. Si ves la antigua película Espartaco, sabrás a lo que me refiero. Los romanos, acostumbrados a asimilar lo mejor de cada lugar, sumaron esta práctica a sus juicios: la crucifixión. La frase para condenarlos era:

Ibis in crucem (irás a la cruz).

Si eras ciudadano romano no podías morir en una cruz. Era demasiado. Esta tortura estaba reservada para malhechores sin la ciudadanía romana, para la escoria social. La cruz representa lo peor del ser humano, la creatividad al servicio de una muerte lenta. La creatividad se puede usar para el mal, para crear estructuras económicas abusivas, para engañar u ocultar, para herir y matar. La creatividad tiene un lado oscuro porque nosotros tenemos un lado oscuro.

El proceso de ejecución era cruel antes de llegar a la crucifixión en sí. Después de ser torturado de diversas maneras, el reo era el que debía cargar con su propia cruz hasta el lugar donde sería ajusticiado. Una vez allí, con el madero tumbado en el suelo, era clavado a él por sus muñecas y pies. Después plantaban el madero en el suelo para colocarlo de manera vertical. Y allí quedaba colgado el malhechor hasta morir de agotamiento; en esa posición costaba mucho respirar. Si pasado un tiempo querían que muriese rápido, le rompían las piernas para impedirle tener un punto de apoyo y morir así asfixiado. Un cuadro horrible.

Si te dijeran como artista que debes hacer algo creativo, un símbolo que dé esperanza a la gente, generar un objeto cultural que todos identifiquen rápidamente con las palabras amor incondicional, entrega, fe y salvación, estoy convencido de que lo último que se te ocurriría sería usar un instrumento de tortura. La ingeniería del mal es irredimible. No hay manera de sacar un buen diseño de un instrumento tan horripilante. A menos que seas la persona más creativa de la historia.

Jesús vino con su proyecto de transformación a esta provincia apartada del Imperio Romano. A un pequeño pueblo de Galilea llamado Nazaret. Trabajaba la madera, oficio que había aprendido de su padre putativo, P. P., Pepe, José. La madera es un material de construcción que proviene de la vida. Me encanta la madera de roble, robusta, no se pudre. Jesús sabía trabajar la madera. Era un artesano. Reconozco que soy muy torpe para algunos trabajos manuales y por eso admiro tanto a las personas que de un tronco hacen vigas, estructuras, esculturas, mesas, sillas, adornos... con tan solo una gubia. Y con paciencia.

Jesús, con paciencia, hizo un recorrido de vida que le llevó a Jerusalén, la ciudad santa. Trabajando en los corazones de sus seguidores planteaba una nueva manera de vivir. Su creatividad no tenía límites para enseñar el arte de la vida. Sus principios eran revolucionarios: amar a los enemigos, los últimos son los primeros, el reino de Dios es como una semilla, bienaventurados los mansos, los pobres de espíritu, no los ricos de espíritu; amigo de pecadores, tocaba leprosos, sanaba en sábado, dignificaba a la mujer y ponía a los niños en el centro del cuidado social. Hacía milagros y expulsaba demonios y todo apuntaba a que sería sin duda un triunfador, el Mesías.

El primer evangelio que se escribió, el de Marcos, ofrece en los primeros ocho capítulos esta imagen de un Jesús que sube como la espuma y al que todos quieren seguir. Un líder nato, triunfador. Pero en los siguientes ocho capítulos Jesús comienza a decir:

"El Hijo del hombre tiene que sufrir muchas cosas y ser rechazado (...) Es necesario que lo maten y que a los tres días resucite". [11]

11- Marcos 8:31 NVI

Y seguirle, sería seguirle hacia la cruz. Ese símbolo espantoso. Entonces ya no tuvo tantos seguidores. El triunfador fracasaría. Hasta tres veces según el texto. Jesús iba a llevar su proyecto hasta las últimas consecuencias, confiando plenamente en que Dios, Abba, el creador, le vindicaría. Su vida fue una dependencia total del que inspiraba vida a todos. Cuando fue crucificado, todos pensaban que la obra había terminado. *"Tetelestai"*, consumado es. Se acabó. Enfrentó la cruz, el objeto cultural más horrendo de todos, que representa al enemigo verdadero de la creatividad: la muerte. Pero Él iba a crear esperanza desde la muerte.

Piénsalo. Frente a una enfermedad se puede sanar, los médicos tienen ese afán creativo, de restauración, pero ni ellos pueden crear vida donde no la hay. Cuando la muerte se lo propone, la esperanza se pierde, y ya no hay nada que "hacer", no hay obra. Pero Jesús, a través de la muerte más horrible, demostró que Dios sí puede:

"...aunque estábamos muertos a causa de nuestros pecados, nos dio vida con Cristo, pues solo por su gracia somos salvos". [12]

"Porque el que quiera salvar su vida, la perderá; pero el que pierda su vida por mi causa, la encontrará". [13]

Somos artistas de la paradoja, de sus enseñanzas: morir para vivir, más vale dar que recibir, quien pierde gana... Nuestros valores creativos no son los del mundo, no somos artistas narcisistas, no nos miramos en el reflejo del agua para enamorarnos de nosotros mismos, no somos nuestra propia fuente de inspiración. Confiamos en Él, no en nosotros.

Su cruz nos recuerda que en Dios hay esperanza. El símbolo más hermoso para hablar de amor, de esperanza y de fe. Minimalista, un logo de dos líneas cruzadas, nada más, que representa todo lo que necesitamos. Un objeto cultural inequívoco que ahora no simboliza lo peor de la humanidad sino lo que Él está dispuesto a hacer por el ser humano, el proyecto de Dios. El nuestro. Lo transformó, lo redefinió. Si hizo eso con algo tan horrible, también lo puede hacer con mi vida, con lo que hago, aunque sea culturalmente incomprendido.

Porque sus enseñanzas fueron extraordinarias, pero cambió la historia por lo que hizo por nosotros en la cruz, y no solo por lo que dijo. Toda su vida fue una performance, una obra de arte en vivo, con un momento oscuro, el más oscuro de todos, en una cruz, donde la muerte es parte de la historia.

---

12 - Efesios 2:5
13 - Mateo 16:25 NVI

El carpintero sigue llamándonos a su taller, recordando que la cruz es el horizonte de nuestra creatividad, y por donde todos debemos pasar para crear vida y salvación.

MINIsterio vs MAGISterio

¿Estás en el ministerio? Es una pregunta que todo seguidor de Jesús debería responder con un sí. Pero sabiendo lo que queremos decir porque como cristianos somos expertos en estropear palabras maravillosas y una de ellas es la palabra ministerio. Se ha tergiversado tanto que ahora hay "grandes ministerios" y "grandes ministros". Si queremos ser creativos como Jesús lo era, si queremos dejar huella como Él lo hizo, debemos conocer no solo qué hizo, sino cómo. Su actitud y qué quiere decir en realidad estar en el ministerio.

"...porque el Hijo del hombre no vino para que le sirvan, sino para servir a los demás y entregar su vida en rescate por muchos".[14]

Ministerio significa servicio, lo sabemos de sobra. Pero ¿qué clase de servicio? Para aprender de las palabras, profundizar en ellas y destilar todo su significado, debemos usar una ciencia llamada etimología. Además, ver sus antónimos puede aclararnos el concepto. Los contrastes nos ayudan a comprender.

Lo contrario de ministerio es magisterio. No tengo nada en contra del magisterio. "Magis", grande, magno, mago. El que enseña desde arriba, desde la cátedra, a los que están más abajo en su conocimiento y comprensión. Yo, el sabio en la montaña te enseño a ti, pobre pupilo que desconoce de la vida. Magisterio.

Jesús podría haber adoptado esta actitud. Tenía razones de sobra para hacerlo: Dios hecho hombre, el número uno. Pero prefirió usar la palabra ministerio. Mini, pequeño, desde abajo. No el primero, el último.

Minion. La fabulosa película *"Gru, mi villano favorito"* de Ilumination Entertainment nos muestra unos personajes extraordinarios y extravagantes que presentan esta actitud de manera prodigiosa. *Los minions*, que por mucho que las redes digan, ni son nazis, ni son malos, son los servidores de Gru, el villano encantador que tiene un corazón de oro. Cada uno de ellos es único, uno de ellos solo tiene un gran ojo en el centro. Son únicos y auténticos, con un gusto especial por las bananas y el helado, pero adoran a su señor.

---

14 - Marcos 10:45

Le aman y aman a todo aquel a quien su señor ama. Su actitud es siempre de servicio, de mini. Son torpes, pero no paran de servir. Alguna vez se despistan y cometen errores, pero sirven sin parar. No sé si todos estamos dispuestos a ser *minions*.

La Iglesia quiere presentarse al mundo desde el magisterio; queremos imponer desde arriba nuestros criterios morales, pretendemos enseñar desde nuestra torre de sabiduría, a un mundo que, ¡pobre!, no nos puede enseñar nada. Jesús fue recordado porque era manso y humilde de corazón. La verdad orgullosa es rechazada. También el arte puede ser orgulloso. La verdadera verdad es humilde, sirve a los demás, no se centra en sí misma y su conocimiento.

LA BELLEZA NO OBLIGA, SEDUCE

Porque el conocimiento envanece, pero el amor edifica. Él se acercaba a todos desde abajo y eso, paradójicamente, es hacerlo como "quien tiene autoridad". Se preocupaba por la gente, le amaba y servía. La belleza no obliga, seduce.

Hacer ministerio como Jesús es asumir la actitud de entender que cuanto más conocimiento tengo, cuanta más creatividad "poseo", más responsabilidad tengo hacia los demás.

Un conocimiento que no está al servicio de otros termina pudriéndose dentro de nosotros y convirtiéndonos en personas "sin fruto". Porque el fruto nunca es para el propio árbol que lo genera, es para alimentar a otros. Si todos tuviésemos el "sentir" de Jesús, seríamos una Iglesia creativa y creadora acercándonos a los demás con la actitud correcta para ser recibidos.

BAPTIZO

Significa enterrar. Este símbolo, popularizado por Juan Bautista, marcaba un antes y un después en la vida de sus seguidores. Seguir a Jesús es un proceso, sí, pero tiene momentos clave. El amor también es un proceso, pero un día te casas y sigues con el proceso, aunque de otra manera.

Es difícil enterrar literalmente a alguien a presión y después desenterrarle como un símbolo. Mejor con agua. Además, así también se rememoraban otras cosas: el paso del pueblo por el mar Rojo con los egipcios pisándoles los talones y su correspondiente libertad, el cruce del río Jordán hacia la tierra prometida... Un antes y un después. Como los fines de año, que son un antes y un después. En realidad, son un día como cualquier otro, pero no.

Hacer pública tu decisión de seguir a Jesús a través del bautismo es una de las pocas cosas que Él dejó prescritas que hiciésemos como símbolo. Y es algo muy significativo.

Lo que hacemos con nuestros cuerpos afecta a todo lo que somos. El bautismo, de pies a cabeza, de entrega total, habla de lo que nuestra vida debe ser a partir de ese momento.

Por supuesto, la idea de que nos limpiamos para hacer borrón y cuenta nueva está presente, pero no es solo eso. Es un compromiso total con el proyecto. No son unas gotitas nada más para refrescarnos del calor del día en el desierto de Judea y de la vida.

Implica todo lo que somos. Poner a remojo todo nuestro ser. El compromiso o es total o no es compromiso, con-promesa.

El bautismo más raro fue el de Jesús mismo. Juan, al parecer, al principio se negó a bautizar a Jesús. Él no necesitaba hacer borrón y cuenta nueva de nada. Pero lo hizo. Se sumergió como los demás y, cuando salió del agua, los cielos se abrieron y se oyó una voz del cielo (esto se conoce en Teología como el momento en el que los cuatrocientos años de silencio llegaron a su fin) que decía:

"...Tú eres mi Hijo amado; en ti me complazco".[15]

Desde ese momento, Jesús hizo todo lo que hizo teniendo muy clara su identidad. Había descendido su inspiración, el Espíritu Santo, en forma de paloma. Y fue solo entonces, y después de cuarenta días en el desierto (como los cuarenta años del pueblo de Israel), que Jesús comenzó su "ministerio" y se puso a servir a los demás de manera pública.

Su entrega fue total. Sumergido en el proyecto —y en su identidad como hijo amado—, se creó una nueva narrativa que comienza después de las aguas y que consiste en seguir abriendo los cielos para los demás, seguir inspirando.

En el momento del bautismo no respiras, estás debajo del agua. Es como volver a estar en el vientre de tu madre, donde aún no respirabas, pero estabas vivo. Es como volver a nacer, un renacimiento. Y cuando sales de las aguas comienzas a interactuar con los demás, con el mundo. Ya estabas vivo antes, pero ahora que respiras (quizá después de ser golpeado por un médico para hacerte llorar), y que inspiras, estás listo para moverte, para vivir con otros, para crear.

---

15 -Marcos 1:11

Eso y mucho más es el bautismo. No hay nada más creativo que una nueva vida y, el bautismo, con todo el significado que conlleva, nos recuerda que somos una nueva vida, creativa y creadora.

"Tienen que nacer de nuevo". [16]

El Renacimiento fue una época extraordinaria, en el siglo XV, en el que se redescubrieron a los clásicos, sus proporciones y su estética, su filosofía y sabiduría y, comenzando en Florencia, Italia, y hasta los confines de Europa, una explosión de creatividad invadió las artes y también las ciencias. Marcó el fin de la Edad Media e impulsó hacia adelante el pensamiento occidental.

Nuestro bautismo es así. Es un renacer, un redescubrir quiénes somos, cuáles son nuestras proporciones y la filosofía de vida que nos puede hacer sabios.

JESÚS SUSTITUYÓ EL ALTAR COMO CENTRO DE LA ACTIVIDAD "RELIGIOSA" POR UNA SENCILLA MESA

La señal de inicio de los creyentes desde el siglo I en Jerusalén fue esta práctica total de bautizarnos de pies a cabeza (cerebro incluido) para renacer, poner el contador a cero, sin bagajes ni heridas limitantes y con nuestra identidad clara. Siempre he creído que, donde alguien se bautiza, los cielos se abren para escuchar esa Voz que creó el universo para recordarnos quiénes somos: hijos amados. No tenemos que demostrarle nada a nadie, y eso me hace libre para crear.

Si nosotros nos bautizamos, es decir, si nos empapamos de la identidad que Dios asigna, no pondremos nuestro valor en lo que tenemos, ni siquiera en lo que hacemos. Una Iglesia empapada de Él, de Su inspiración, que renace, estará lista para llorar, respirar, e interactuar con el mundo en el que le toque vivir.

PAN Y VINO

Oficialmente, el Santo Grial, la copa en la que Jesús tomó el vino en la última cena, está en la Capilla del Santo Cáliz de Valencia. Podría levantarme ahora mismo de la silla de mi despacho e ir andando a verla. No suelen sacarla, y está protegida y extremadamente adornada, con oro y demás, aunque en esencia es solo una copa hecha de calcedonia, un material semiprecioso. Podría haberle ahorrado a Indiana Jones una película entera, sin necesidad de

---

16 - Juan 3:7 NVI

encontrarse con el cruzado que se mantiene vivo desde hace siglos en mitad del desierto. Ahora todo alrededor del pan y el vino es muy "peliculero", muy oficial. Pero en tiempos de Jesús, se trataba de una acción común que Jesús redefinió, hizo suya y transmitió de una manera genial.

Jesús sustituyó el altar como centro de la actividad "religiosa" por una sencilla mesa. No de sacrificio, sino de compartir pan. Y vino.

Sin embargo, hoy seguimos, en algunos contextos, obsesionados con el altar. Pero el proyecto de Jesús tiene más que ver con mesas y comida compartida que con altares, púlpitos, llamados al altar, y mucho menos con plataformas que consideramos altares. En la mesa hay diálogo, hay personas con nombres y apellidos, acoge a grupos reducidos, en una mesa no cabe muchísima gente. Nos vemos las caras. Y compartimos: "¡Pásame el pan!", "¡Ponme más vino!".

Es en las mesas de los cafés de Europa donde las ideas revolucionarias de algunos amigos tomaban forma, y terminaban haciéndose realidad. Y cambiaban el mapa. En la cercanía podemos escuchar el corazón de los unos y de los otros, nuestros anhelos y tensiones, nuestras preocupaciones y alegrías. Tan sencillo y complicado como eso. Una comunidad. Allí donde había una mesa, y personas, había comunidad de Jesús, Iglesia, que creaba una nueva manera de vivir, en torno a la comida compartida, como parábola de lo que la vida del reino es. Un lugar donde la liturgia, el servicio, estaba al "servicio" de las personas. No al revés.

En el siglo I el Nuevo Testamento todavía no estaba escrito, pero los cristianos se pasaban fórmulas de manera oral para recordar las enseñanzas más importantes de Jesús. Según los biblistas, una de las fórmulas más antiguas del nuevo testamento que se aprendían de memoria y se transmitían como "memes" de unos a otros era la siguiente:

"Esto es lo que el Señor me enseñó, y que ya les transmití antes: La noche en que Judas lo traicionó, el Señor Jesús tomó pan y, después de dar gracias a Dios, lo partió y dijo:
«Esto es mi cuerpo que por ustedes es entregado. Hagan esto en memoria de mí».
De la misma manera, tomó la copa después de haber cenado y dijo: «Esta copa es el nuevo   pacto confirmado con mi sangre. Cada vez que la beban, háganlo en memoria de mí».
Cada vez que comen este pan y beben de esta copa, están anunciando que Cristo murió por ustedes. Háganlo hasta que él venga".[17]

---

17 - 1 Corintios 11:23-26

Cuando Pablo dice que recibió y que lo transmite, hace referencia a una antigua tradición rabínica de comunicar fielmente lo que se había escuchado.

En una cultura de tradición oral esto era fundamental. Antes de que estas frases se pusieran por escrito, se recitaban y transmitían de unos creyentes a otros, de manera que se pudiesen comunicar las verdades más importantes de unas iglesias a otras. Luego, Pablo lo puso por escrito para enviar una carta a los corintios por una situación particular (los corintios se emborrachaban durante la cena, y no se esperaban unos a otros, los ricos de la iglesia hacían grandes banquetes y los pobres que llegaban de trabajar tarde ya no tenían nada... Corinto es quizá la iglesia más problemática que conozco) y, gracias a esas circunstancias, ha llegado hasta nosotros.

La idea de Jesús es brillante, sobre todo por su sencillez. El pan y el vino eran algo típico en las cenas de *Shabat* y en la Pascua. Jesús lo redefinió y nos animó a repetirlo para recordar lo que Él hizo: *"en memoria de mí"*, y para actualizar su mensaje en cada circunstancia en la que nos encontráramos.

Solo hacían falta dos o tres reunidos en Su nombre y hacer algo que es común a toda la humanidad: comer y beber.

Jesús asocia un símbolo sencillo, el pan, a su cuerpo, es decir, a su esfuerzo, a su historia vital, a cada una de sus acciones para llevar a cabo su proyecto de salvación por nosotros. *"En memoria de mí"*. Un meme extraordinario. Donde hubiera algo de pan, ahí podía haber iglesia.

Igual con la copa, una copa que representa el pacto, el compromiso que Él tomó por nosotros hasta las últimas consecuencias, muriendo por nosotros, para que nosotros ahora bebamos y vivamos en su honor. Para que nunca lo olvidásemos, *"en memoria de mí"*.

Así de simple. Sin adornos de oro.

La genialidad de este símbolo reside en su sencillez, elegancia y resignificación. Hace falta mucha creatividad para hacer esto; solo los grandes artistas son capaces de usar objetos comunes, ordinarios y darles un sentido extraordinario.

Este gesto que empezó en una sala de Jerusalén en la noche más oscura de la historia se propagó como la pólvora por todo el Imperio Romano.

Los que se sentaban a esa mesa eran transformados y no volvían a ser iguales. Entendían que habían nacido para compartir sus vidas por otros. Se sentían inspirados por cómo Jesús, siendo el Hijo de Dios, se derramó por los demás, para calmar su sed. Renovaban su pacto con el proyecto de Jesús, y después ponían su mirada hacia adelante, esperando que, algún día, el Rey volviera para levantar el grial y celebrar como antaño.

Pensemos en su pan y su vino, seamos la Iglesia de la creatividad en la sencillez, para redefinir lo ordinario y convertirlo en extraordinario. Sin tantos adornos y altares desfasados. Volvamos a la mesa, al diálogo que transforma sociedades.

Recordando siempre lo que decía Oswald Chambers: somos pan partido y vino derramado. Para otros.

TOALLA

"Jesús sabía que el Padre le había dado autoridad sobre todas las cosas, y que él había venido de Dios y a Dios iba a regresar, así que se levantó de la mesa, se quitó el manto y se ató una toalla a la cintura. Luego echó agua en un recipiente y se puso a lavarles los pies a sus discípulos y a secárselos con la toalla".
Juan 13:3-5

La imagen evoca demasiado. Ministerio. Jesús se levanta de la mesa en la última cena, se quita el manto y se pone la toalla, toma un lebrillo, se humilla a sí mismo y se pone a lavar los pies de los discípulos. Antes de su fabuloso discurso que va desde Juan 13 hasta el capítulo 17, realiza esta acción, esta obra maestra que será tan recordada como su sermón. O más.

Él, como artista de la vida, lo tenía muy claro. Sabía de dónde venía, para dónde iba y quién era. Tenía muy clara su identidad. No necesitaba demostrarle nada a nadie. Era el hijo amado de Dios. Y por eso iba a hacer una performance extraordinaria. ¡Qué gran presentación el versículo 3! La introducción es inmejorable, lo que venga luego debe de ser explosivo.

Entonces se levantó de la mesa, esa mesa donde todos comparten, donde estamos a gusto; la comunidad a la que hemos sido llamados a bendecir, llena de gente imperfecta pero que amamos. Se levantó de su comodidad y se quitó el manto. ¡Su dignidad! Se quitó la ropa. No le importó mostrarse tal cual era, ser auténtico, ser humano.

Hoy en día, muchos ostentan mantos. Hasta se predica de los mantos, el manto de este, el manto de aquel, todos quieren mantos. Supongo que tendrán frío. U ocultan algo.

Jesús se lo quitó, se humilló a sí mismo. Y entonces se ató una toalla a la cintura y empezó a echar agua en un lebrillo.

El Maestro, el Hijo de Dios, el que debía ser servido. El genio de los genios al que todos le deberían dar pleitesía. Aquel del que Juan Bautista decía que no era digno de atarle las sandalias. En aquella sala solo se escuchaba el agua caer en el recipiente hasta que quedó lleno. Jesús se acerca a cada uno de ellos y, como el último esclavo de la casa, se pone a lavarles los pies.

Rompedor. Una performance en toda regla y aún Pedro no lo entendió a la primera. A veces, las obras de arte cuesta entenderlas. Limpiar a otros es una tarea que solo gente muy segura de sí misma puede hacer bien. Limpiar el camino de otras personas, ayudarles a seguir el rumbo de sus vidas, quitando el polvo acumulado de su pasado, requiere seguridad y humildad.

Jesús tenía muy claro para qué había venido. No para ser servido, sino para servir. No para ponerse en el primer lugar de la mesa, sino para limpiar a los que se sientan en ella.

Si les tuvo que limpiar los pies, es que los tenían sucios. Pero Jesús se sentó con ellos tal como estaban. Las personas, los discípulos, vienen como vienen, cada uno por su camino, con su barro y sus miserias. Y se sientan con nosotros. Porque la mesa de Jesús es así, abierta para los pecadores embarrados. Jesús quiere limpiarnos los pies, quiere limpiar nuestro camino. Y lo hace con su agua, y luego nos seca con la toalla.

La toalla es una herramienta sencilla que era, además, su única ropa en ese momento. Limpiaba con lo que era, su vestido era su herramienta de trabajo, no estaba "disfrazado" de siervo. Lo era. No era una pose de falsa humildad. No se había puesto la toalla encima del manto para simular piedad. El verdadero arte se implica, no simula, no pretende aparentar; es real, genuino y desnudo. Y limpia.

Cuántas obras, cuántas canciones, han sido para mí un bálsamo que ha sanado mi caminar. Al fin y al cabo, como seguidores de Jesús, nuestro arte puede hacer eso mismo. Si nos ponemos la toalla, si nos dejamos de apariencias y de mantos de dignidad que no nos corresponden, si nos ponemos de rodillas y nos acercamos a la realidad, a los pies de la gente, no para decir: "¡Mira qué sucio vienes!", sino para lavarlos con agua, para secarlos con nuestras ropas, ellos ya se darán cuenta de que están sucios.

"Si entienden esto y lo hacen serán dichosos", dice el versículo 17. Artesano. Sanar y limpiar el arte también es nuestro trabajo. Quizá sea un arte que esté en parte sucio; es lo que tienen los caminos de tierra, de esta Tierra,

suelen ensuciar. Pero invitémosle a sentarse en nuestra mesa, y limpiémosle. Siempre ha sido así. El Rock & Roll, los himnos alemanes, la poesía pagana de Atenas, el cine, el hip-hop, el teatro, la moda, la psicología, las ciencias sociales de todo tipo, se han sentado a la mesa, y han sido o están siendo lavadas con el agua del lebrillo. Y siguen pasando a la mesa. Como dice la canción de Miguel Ríos: ¡Bienvenidos! Tenemos puesta la toalla.

¿Es posible que haya algún arte que no se pueda limpiar? Puede ser. Quizá Judas también esté sentado y nos traicione, pero será la excepción, no la regla.

Hay cosas que se dicen "arte" y no lo son. La pornografía para muchos es un arte. Actualmente es el negocio más rentable que existe; cada día se realizan alrededor de sesenta y ocho millones de búsquedas en páginas porno, y existen más de cuatrocientos veinte millones de páginas de contenido pornográfico.

Al margen de la trata de personas que hay detrás y de lo grotesco de la situación, es imposible redimir algo así, por mucho que la sociedad lo quiera vender como libertad de expresión. Es injusta, es deshumanizadora, es mentira. Erotiza la violencia hacia las mujeres y normaliza los abusos sexuales. Está tan lejos de la verdadera sexualidad y distorsiona tanto el propósito de disfrutar de un amor entregado a otra persona, que solo podemos luchar contra ella, como luchamos contra las otras injusticias.

Ahora bien, la propuesta de los cristianos debería ser la de vivir un amor verdadero, una sexualidad "verdadera" y un erotismo según Dios, que tiene sus espacios ideales para ser llevado a cabo. Si tomásemos los criterios del arte de Schaeffer para valorar la pornografía, veríamos que ni cumple con una cosmovisión humanizadora, ni tiene la adecuación apropiada, el lugar y el medio donde realizarla, ni la validez y honestidad que todo arte necesita. Ni siquiera es excelente. La pornografía solo es una burda imitación de la intimidad que hemos sido llamados a vivir.

Lo que si podemos hacer es sentar a la mesa y limpiar la verdadera sexualidad, el amor de pareja, convertido en el baile de El cantar de los cantares, y recuperar para Él todas las artes. Sexólogos que siguen a Jesús dan fe de que esto es posible.

Como hijos de Dios, somos llamados a ponernos la toalla, quitarnos el manto de autosuficiencia y estar dispuestos a limpiar. Sabiendo muy bien quiénes somos, de dónde venimos y a dónde vamos, seremos entonces capaces de amar como Él amó.

Un día terminará la obra, y se bajará el telón. Es ahí cuando podremos ponernos el manto otra vez, volver a nuestro lugar, nuestro hogar, y comprenderemos todo lo que esta obra de arte llamada vida supuso para nosotros y para los demás.

"Después de lavarles los pies, se puso el manto y otra vez se sentó. Entonces les preguntó:
— ¿Entienden ustedes lo que les he hecho? Ustedes me llaman Maestro y Señor, y dicen la verdad porque lo soy. Pues si yo, el Señor y el Maestro, les he lavado los pies, también ustedes deben lavarse los pies unos a otros. Yo les he dado el ejemplo, para que hagan lo mismo que yo he hecho con ustedes. Les aseguro que ningún sirviente es más que su amo, y ningún mensajero es más que el que lo envió. Si entienden esto y lo hacen serán dichosos". [18]

OBRA MAESTRA

Quiero viajar al siglo I y sentarme a los pies de Jesús, escuchar sus palabras, directamente de su boca. Como un aprendiz desesperado por ser aceptado por el Maestro al que admira, viajaría no solo a través del espacio, sino del tiempo, con un Delorean DMC-12, para poder al menos escuchar una frase directamente de Él. Escuchar su acento galileo del idioma que hablaba el pueblo. No era el griego, sino el arameo. El hebreo había quedado relegado a la sinagoga y a otras cuestiones oficiales. En lugares como la aldea de Nazaret, el arameo era el idioma común. Era el idioma materno de Jesús, con el que comunicó sus verdades. Quiero escucharle como aquellos que le siguieron.

En los evangelios, algunas palabras se mantuvieron en el idioma original que Jesús usaba porque fueron tan importantes para los primeros oyentes que las dejaron así, sin traducir: abba, quizá la palabra más usada por Jesús y su favorita para referirse a Dios; amén, amén (de cierto, de cierto...), como acostumbraba a comenzar sus discursos; *Eloi, Eloi, ¿lama sabactani?*[19] (Dios mío, Dios mío, ¿por qué me has abandonado?) ... y muchas otras.

El pedagogo más creativo de la historia nos enseñó cómo hacer que su mensaje calara en el tiempo y perdurara por dos mil años, de momento y prueba de eso es que su proyecto de vida ha cambiado culturas enteras. Si volvemos a Él, a la esencia de su obra, podemos seguir con su legado. Y hacerlo con su estilo. Como los aprendices de un pintor, queremos "imitar" su forma de hacer las cosas, sus técnicas, o al menos, seguir su escuela. Veamos.

---

18 - Juan 13:12-17
19 - Marcos 15:34

La motivación intrínseca de Jesús (lo que haces no por obligación, sino porque te nace) no era hacerse sonar, ni hacerse conocido. Ni siquiera era demostrar que tenía razón, ni denunciar a los pecadores.

Para comunicar su mensaje, Jesús no usó principalmente el lenguaje de los sacerdotes, ni de los escribas, sino el de los profetas, el de los poetas. Jesús hablaba en arameo, si traducimos del griego koiné, en el que se escribió el Nuevo Testamento, al idioma materno de Jesús, descubriremos que sus frases son poesías: fáciles de memorizar, muy sonoras, creativas y virales. Jesús era un poeta. Te pongo tres ejemplos y así prácticas tu arameo. Intenta leerlo en voz alta.

Así hablaba Jesús, siéntate a sus pies, escucha al galileo:

Tubekón mískenajja
dedilekon malkutá delahá
Lucas 6:20
(Dichosos ustedes los pobres,
porque el reino de Dios les pertenece).

La jakelá mediná detittamár
dele´ el min tur mittesamá
Mateo 5:14
(Una ciudad asentada sobre un monte
no puede esconderse).

Y, si quieres, uno más largo. Este es uno de mis favoritos, me lo quiero aprender de memoria:

´ihab lák maptehajjá demalkutá disemajjá
uma dete´ or be´ ar´ á jittesár bisemajjá
uma detisré be´ ar´ á jisteré bisemajjá
Mateo 16:19 NVI
(Te daré las llaves del reino de los cielos;
todo lo que ates en la tierra quedará atado en el cielo,
y todo lo que desates en la tierra quedará desatado en el cielo).

Poesía aramea para comunicar el mensaje. El lenguaje hecho arte. No solo decía la verdad, la decía de forma bella. Y la gente común lo disfrutaba, le escuchaba y aprendía. Tenía ritmo y rima, sonoridad y equilibrio.

Necesitamos ganarnos el derecho a ser escuchados y la belleza del arte se gana ese derecho. Sus parábolas son uno de los objetos culturales más increíbles que dejó. Cápsulas detonadoras de transformación espiritual y social, en ese orden.

Hablaremos de ellas más adelante. Eran la manera favorita de Jesús de hacer arte, las parábolas.
¿Qué le movía a hacerlo? ¿Por qué? ¿Estaba obligado o forzado a hacerlo? Si me obligan a hacer una canción no va a salir lo mejor de mí. No.

Lo que movía a Jesús para expresarse era la misericordia (corazón por la miseria) y la compasión. Como dice Walter Kasper: "Dios es misericordia". Dios es amor compasivo. Jesús ha vivido y comunica una experiencia sana, es decir, santa. No de un Dios indiferente, lejano, déspota, que quiere conducir el mundo a base de leyes. Dios atrae al mundo con su amor, con su belleza, impulsando a las personas a la conversión. Tiene ternura compasiva.

Sean perfectos... dice Mateo 5:48; sean misericordiosos... nos dice desde otro ángulo en el mismo contexto del perdón en Lucas 6:36, como su Padre que está en los cielos. ¿Quieres ser como Dios? Su motivación para crear, para perfeccionar, es la misericordia.

> **NECESITAMOS GANARNOS EL DERECHO A SER ESCUCHADOS Y LA BELLEZA DEL ARTE SE GANA ESE DERECHO**

Y ¿cuál es el marco en el que Jesús pinta?, ¿cuál es su lienzo?, ¿cómo es? Él dibuja, pinta, actúa siempre en la necesidad del prójimo. E interpreta la Escritura de acuerdo al tándem de mandamientos que considera más importantes: el amor a Dios y al prójimo. Esos son los mandamientos de los que los demás dependen. Un marco con dos dimensiones: vertical hacia Dios y horizontal, hacia los demás. Inseparables.

Porque amar a Dios sin amar al prójimo, al cercano, es una falacia, no es verdad. Su arte era para el prójimo, y ahí pintaba, respetando a cada uno, sin distinción de personas, sin querer influenciar a los grandes solamente. Cada vida para Él era una obra de Dios, digna por sí misma. Una tela que no debía ser destruida, sino pintada. Sus lienzos favoritos son los perdidos. Lo más grande que ha salido de las manos del creador son las personas.

¿Y qué hay de su estilo?, ¿cómo pinta? Jesús no va cazando pecadores, sino sanando a los enfermos. Ese es su programa. Sí, con sana doctrina (del... sorpresa, ¡griego!: enseñanza), que es fundamentalmente doctrina que sana. Si no sana, no es sana.

Nosotros queremos acabar con el pecado, Dios quiere acabar con el sufrimiento y la muerte; ese es su enemigo, y el pecado está implícito ahí. Su estilo es un estilo sanador, restaurador, reparador, reconciliador, no tomándoles en cuenta a los hombres sus pecados.

¿Y cuál es el material para pintar? ¿El color para dar forma a su obra? ¿Su paleta cromática? Fundamentalmente, el perdón. Al que mucho se le perdona, mucho ama, mucho crea. Todas sus obras están bañadas de perdón; sea donde sea, su marca de la casa es el perdón incondicional.

Jesús se nos muestra como un artista con un proyecto definido: su motivación para crear es la compasión; su lienzo, la necesidad del prójimo; su estilo es sanador, restaurador; y su pintura, el perdón. Así diseñó su obra maestra. Así podemos nosotros diseñar nuestra vida, inspirados desde adentro por Él. Estar a los pies del Maestro, escuchar su enseñanza, su doctrina, y vivirla como buenos discípulos, pintar como Él. Y traer su "Malkutá", su Reino, su propuesta artística. Su obra maestra.

EL LIBRO FAVORITO DE JESÚS

Si quisieras cambiar las cosas y tuvieras que usar el Antiguo Testamento para dar razón de quién eres y qué debes hacer, ¿en qué libro anclarías tu mensaje? Tal vez en alguno del Pentateuco, un libro con normas y leyes, o quizá en un libro histórico o profético para darle ese peso que necesitan tus palabras y hacer saber a todos que eres la continuación y culminación de la historia... A lo mejor recitarías constantemente un libro sapiencial, *Proverbios* o algo así, y que todos viesen la profundidad de tu pensamiento, tu sabiduría y cómo tienes siempre razón.

Jesús conocía las Escrituras y las mencionaba. La Ley y los profetas eran parte de su lenguaje. Pero el libro favorito de Jesús, el que más veces aparece en los evangelios en sus labios, es el libro de los *Salmos*. Que el libro más mencionado por Jesús sea un conjunto de obras de arte da que pensar. Los *Salmos*, ese libro de sinceridad desgarradora, emocional y emocionante, tan fácil de tergiversar, pero que ha acompañado las oraciones de tantos fieles durante toda la historia del cristianismo, estaba muy presente en la vida de Jesús.

Cuando no tenemos palabras, hacemos nuestras las palabras de los salmos. Así lo hizo Él, con el famoso salmo 22, más conocido por ser casi el salmo 23. Pero no.

De ahí surge la frase *"Eloí, Eloí, ¿lama sabactani?"* Todo el salmo es demoledor, con algunos rayos de esperanza. Si Jesús lo conocía de memoria es posible que lo recitase entero en la cruz. Una lectura de este salmo, viendo a Jesús en el madero, es altamente inspiradora. A todos nos encanta el 23, pero en aquel momento, el 22 era el adecuado para que nosotros pudiéramos vivir el 23. Que además de ser un salmo precioso, es el número de Michael Jordan.

Canciones y canciones han bebido de este antiguo conjunto de obras maestras, que acompañaron la historia del pueblo de Israel durante siglos y hoy siguen marcando cultura e inspirando a grandes artistas como Leonard Cohen y su majestuoso "Hallelujah" o Bono de U2 y sus interrupciones en los conciertos para recitar un salmo de memoria.

Todas las emociones que un ser humano puede sentir están registradas en sus líneas y sus metáforas. Las alegrías y las frustraciones, culpas y esperanzas, las heridas y el rencor, la pérdida, el miedo y el amor se encuentran en sus versos.

Todo lo que podemos experimentar acerca de nosotros, de los demás o incluso de Dios, aparece en estas expresiones de nuestros abismos que pretenden traspasar los cielos, y clamar a otros abismos como nosotros. Como buena poesía, está llena de imágenes que atrapan y forman parte del ecosistema de metáforas en el que podemos vivir e interpretar nuestra realidad.

Es tan humano como divino.

Como Jesús.

Con razón, Timothy Keller los llama "los cantos de Jesús".

Todo artesano debería acercarse a este libro y beber de las experiencias de los salmistas. Necesitamos de nuevo expresiones artísticas y vitales así, que hagan preguntas incómodas: *"¿Dónde está tu Dios?"*;[20] con expresiones desafiantes: *"Dice el necio... no hay Dios"*;[21] relatos que acompañen a los que sufren de ansiedad: *"En Dios solamente reposa mi alma, porque de él viene mi esperanza"*;[22] cantos para cuando una enfermedad golpea sin avisar: *"El Señor lo confortará cuando esté enfermo; lo alentará en el lecho del dolor"*;[23] o canciones para celebrar: *"Bendeciré al Señor en todo tiempo; mis labios siempre lo alabarán"*.[24]

Todo está ahí, porque el arte bien hecho ayuda a interpretarnos a nosotros y nuestras circunstancias. Nos sitúa en una historia más amplia, y nos ayuda a empatizar con otros, y que otros empaticen con nosotros.

El lenguaje de Jesús era el de los poetas. Él es el logos, el Verbo, la Palabra. Su vida fue un poema de Dios, y así lo vivió. Como nosotros, como dice Efesios 2:10 NVI: "Porque somos hechura de Dios... para buenas obras...". Hechura, en el griego: poiema, poema, una creación de Dios. Vivamos como una de

---

20 - Salmos 42:3 RVR95
21 - Salmos 14:1 RVR95
22 - Salmos 62:5 RVR95
23 - Salmos 41:3 NVI
24 - Salmos 34:1 NVI

sus obras de arte. Llenémonos, nutrámonos de los salmos, que sean nuestro referente de expresión, y creemos nuevas metáforas y expresiones que sean continuación fiel del espíritu que hay en ellos. Sea con poesía, pintura, o cualquier manifestación artística. Jesús lo hizo anclado en estos textos de la Escritura; los vivió, los hizo suyos, los encarnó. Que así sea también en nosotros.

Mantengámonos cerca de las expresiones de los santos a lo largo de los tiempos, las épocas y los continentes y que continuemos con el legado de los salmos y de la riqueza expresiva que hemos heredado de nuestro Maestro.

ANASTASIA

El primer día de la semana encontraron la tumba vacía. La piedra removida.

Nadie decía nada; frente a la muerte es imposible decir nada, parece imposible crear. Pero Jesús, días antes, en su entrada a Jerusalén, mientras todos gritaban *hossana*, nos advirtió de que, si todos callasen, las piedras hablarían. Ellas harían su performance.

Y, sin duda, la primera predicación, el primer mensaje sobre la resurrección, la dio una piedra. Otro *"skandalon"*: una roca que había sido removida. El mismo poder que había resucitado a Jesús, había movido la piedra.

Si todos callaban frente a la muerte, una piedra comunicaría el mensaje que revolucionaría el mundo entero. Es casi una expresión de arte contemporáneo, pero del bueno. Minimalista y sugerente: una piedra en un sitio que no le pertenece y un espacio vacío. Arte contemporáneo.

Anastasia es el nombre más bonito que existe; significa resurrección en un idioma que supongo que ya imaginas cuál es. La resurrección lo cambia todo. Cambia nuestra manera de ver el arte y nuestras vidas. Ya nada es efímero. Los seguidores de Jesús encontraron a "El Resucitado", la razón para vivir y tener esperanza, en cualquier caso.

Ni la muerte puede acabar con la esperanza cristiana. Se nos ha encomendado el mensaje más potente que existe: hemos nacido para resucitar, uno de los nuestros ya lo ha hecho, y no podemos ni llegar a imaginar lo que nos espera.

Así que avancemos, que ese sea nuestro horizonte. Porque el horizonte marca el rumbo. Para Jesús, el horizonte de la resurrección marcó su vida. Su confianza en Abba llegó hasta ese extremo y eso le dio la capacidad de crear donde no había nada, sanar donde la enfermedad reinaba, amar cuando nadie era "amable", alimentar a la multitud de manera abundante en la escasez, y hacer de mí, de mis destrozos, su gran obra de arte. Vida a través de la muerte. Su proyecto final. Su Gran Obra Maestra.

Anastasia. Sin ella, nada tiene sentido: "comamos y bebamos, que mañana moriremos." Pero Jesús ¡ha resucitado! Estas dos palabras siguen cambiando el mundo y creando en mí la energía que había en Él. Ese es nuestro legado: Su Espíritu, el Espíritu de Jesús. Somos Sus discípulos, asumamos nuestra herencia. Su vida en nosotros y a través de nosotros.

La performance aún no ha terminado, su arte sigue vivo.

VOL. IV

ÉTICA Y ESTÉTICA

Mi mujer y yo entramos en la catedral de Cuzco, Perú. Íbamos a visitar principalmente el Machu Pichu pero dedicamos una mañana a conocer el centro de la ciudad que fue capital del imperio Inca antes de tomar el tren hacia donde realmente queríamos ir al día siguiente. La verdad, no tenía muchas expectativas, quería ver la plaza de armas y poco más, pero he de reconocer que fue uno de los paseos más gratificantes que he dado por un centro histórico.

Al margen de que me costaba respirar (estábamos a 3400 metros sobre el nivel del mar, toda una odisea para subir escalones), pude disfrutar de cada rincón. Las montañas al fondo bañaban cada mirada a los edificios y hasta el *McDonald* y el *Starbucks* de la plaza de armas obedecían al diseño colonial, respetando los colores madera obligatorios. Por una vez la cultura histórica vencía. Y ahí estaba la catedral.

Entramos. Íbamos con un grupo de turistas y un guía cuzqueño que nos explicaba que las piedras utilizadas para la construcción se habían extraído de los templos incas. Cada cinco minutos hacía alusión a "esos españoles que nos robaron". Yo mantuve la boca cerrada para no pronunciar la "zeta" ni una sola vez y delatarme... pero estaba disfrutando mucho. Me encantaba el estilo arquitectónico y pictórico. La mezcolanza de estilos en una sola obra: lo "criollo", repitieron esa palabra cientos de veces.

De repente, nos paramos frente a un fresco que representaba la cena del Señor, la última cena. En principio todo normal: Jesús y los apóstoles y alrededor, pan y vino. Pero había detalles extraños. Los atuendos que llevaban eran los de los campesinos de aquella zona del Perú, no de Israel. Y en la mesa no había cordero, como uno hubiera esperado, sino cuy. ¡Cuy!, un pequeño roedor que es, como mucho, una mascota para mí, pero que en esas tierras es un suculento manjar. El choque cultural y visual me dejó pensando un rato. Años después me sentí capaz de probar cuy y está muy rico; en la vida hay que experimentar.

Pero aquel día estuve dando vueltas al concepto de contextualización. Para cualquier observador de aquel cuadro, era evidente que la estética de aquella "mesa del Señor" había cambiado, la habían hecho suya. Pero la esencia seguía ahí. Jesús seguía ahí.

Hacer comprensible el evangelio requiere de nuestros esfuerzos de traducción. No solamente de un lenguaje a otro: del griego al latín, y posteriormente a las lenguas vernáculas; también de una época a la otra: la versión Reina-Valera de 1909 es preciosa, luego la de 1960 tomó el relevo. Algunos románticos seguimos apegados a ella, pero reconocemos que debemos cambiar nuestra manera de decir las cosas y, hoy en día, hay cantidad de versiones para acercar a Jesús al oyente.

Cambios en el envoltorio, aunque el regalo siga siendo el mismo. Pero lo presentamos de otra forma. No solo es importante traducir el lenguaje o la versión, también hemos "traducido" muchas formas de hacer Iglesia: los bancos de madera puestos en línea, por ejemplo, muy de la Europa medieval, están quedando atrás.

El cambio estético, de las formas, de lo que consideramos bello o cercano al oyente, ha sido y debe ser una constante en la Iglesia; manteniendo su esencia ética, su propuesta de vida, pero adaptándose a las circunstancias.

Todas las culturas "merecen" (no hagas una interpretación demasiado teológica de esta palabra) que Jesús se acerque a ellas y debemos, como movimiento de Jesús, hacer esfuerzos por conseguir que así sea, tanto en el lenguaje y las formas, como en la estética, las costumbres y las artes de cada región. Por amor, convicción y la gran comisión, la reflexión acerca de los límites de la contextualización debe estar continuamente presente en nuestras conversaciones, aunque entrañe peligros. No podemos darnos el lujo de ignorarla.

Podemos ver numerosos ejemplos de contextualización en la misma Escritura, desde el uso de conceptos griegos para explicar cómo es Dios a una cultura ajena al judaísmo —Juan hablando de Jesús como el logos—, hasta Pablo usando ejemplos del deporte griego o la armadura romana para explicar la vida espiritual del cristiano; sin olvidar una de las crisis más graves que la Iglesia del primer siglo tuvo que afrontar: si para ser cristiano había que circuncidarse.

Es decir, ahora que los paganos estaban conociendo a Jesús, ¿debían ser también judíos?, ¿adoptar nuestras costumbres?, ¿o se podía ser un seguidor de Jesús sin necesidad de cambiar tradiciones?

El primer concilio, el de Jerusalén, se reunió por ese motivo y después de una "discusión no pequeña", "una larga discusión", dice la NVI en Hechos

15:6 (Lucas siempre tan elegante para explicar las cosas, pero todos sabemos lo que eso significa), Pedro tomó la palabra y al final llegaron a un acuerdo:

> *"Por lo tanto, yo considero que debemos dejar de ponerles trabas a los gentiles que se convierten a Dios. Más bien debemos escribirles que se abstengan de lo contaminado por los ídolos, de la inmoralidad sexual, de la carne de animales estrangulados y de sangre".* [25]

Debían dejar de ponerle trabas al evangelio, acercarlo a las personas y a las culturas, pero sin pasar por alto aquellas cosas que son malas, que éticamente reconocemos como nocivas.

Esta es una conversación que debemos seguir teniendo de acuerdo a los nuevos retos que van apareciendo. El cuy no estuvo en la mesa en la noche en la que el Señor fue entregado, pero sí en muchas comunidades donde ahora dan gracias a Dios por poder compartir unos con otros en Su Nombre.

El evangelio no puede llegar a las culturas como mis antepasados lo entendieron; su lema al ir hacia América fue: "La cruz y la espada". Imponer la fe y las formas de nuestra fe jamás fue el propósito de Jesús. Tristemente, es un error que seguimos cometiendo. Seguimos queriendo circuncidar a la gente, y eso duele mucho. Como artistas, somos llamados a explorar cómo quitar esas trabas, cómo transmitir y expresar esa fe, pero de maneras autóctonas, donde cada expresión cultural tenga su lugar en el Reino de Dios. Quizá el concilio de Jerusalén debe volver a reunirse y cambiar un poco el menú.

CHARLA TED: ARATO Y EPIMÉNIDES

> *"...porque en él vivimos, nos movemos y existimos. Como algunos de sus propios poetas griegos han dicho: 'De él somos descendientes'".* Hechos 17:28 NVI

Pablo llegó a Atenas. Quería predicar el evangelio, compartir acerca de la resurrección, pero antes conectó con la cultura, observó sus altares y, cuando llegó a uno llamado altar a "un dios desconocido", lo usó para ilustrar su mensaje. En aquel areópago, la colina de Marte, una plaza pública de la ciudad, se reunían las distintas escuelas filosóficas del momento: los hedonistas epicúreos y su enfoque hacia el placer, y los estoicos y su mesura y equilibrio. Atenas es la cuna de la cultura occidental así que, en un sentido, seguimos viviendo en Atenas. Aunque hemos crecido, seguimos con esas escuelas filosóficas en boga. Y sería interesante que las estudiásemos más.

---

25 - Hechos 15:19-20 NVI

Cuando le dieron la palabra a Pablo, supo captar la atención de sus oyentes contextualizando su mensaje. Su discurso tiene frases para enmarcar (Hechos 17 NVI):

"No vive en templos construidos por hombres..." (vs. 24), algo que todavía algunos cristianos no hemos entendido.

"... él es quien da a todos la vida, el aliento y todas las cosas" (vs. 25). Él es la fuente vital de todo y de todos, sin excepción, no hay otra fuente de energía en el universo.

"De un solo hombre hizo todas las naciones para que habitaran toda la tierra..." (vs. 26). Un manifiesto que proclama la igualdad de todo ser humano, adelantándose miles de años a la declaración universal de los derechos humanos.

"Esto lo hizo Dios para que todos lo busquen y, aunque sea a tientas, lo encuentren..." (vs. 27). La creación habla de Él y Él se deja encontrar, porque no está allí, está aquí.

"...en verdad, él no está lejos de ninguno de nosotros" (vs. 27) de ninguno, no hace acepción de personas ni de creencias, ni de culturas.

"... puesto que en él vivimos, nos movemos y existimos" (vs. 28). Él es la realidad última de todas las cosas.

"De él, somos descendientes" (vs. 28), en otras versiones, linaje suyo somos; venimos de Él, no de la nada.

Frases bellas e inspiradas. Un mensaje que llegó a los oyentes y que aún hoy son necesarias, urgentes diría yo. Cuando se puso a hablar de la resurrección algunos le escucharon y otros lo rechazaron, pero Pablo hizo muy bien su trabajo. Todo un ejercicio artístico de retórica, filosofía, evangelismo, pedagogía, sociología, derecho, psicología y antropología cultural. No en una "iglesia", sino en el epicentro del diálogo de la época, donde los mejores oradores se presentaban. Fue la charla TED de Pablo de Tarso.

Algunas de las frases que Pablo usó no eran de cosecha propia. "De él somos descendientes", es una frase muy conocida hoy para los cristianos, "linaje suyo somos" aparece en muchas de nuestras canciones y mensajes. Pero aquí Pablo, que era un erudito y conocía bien la cultura, está parafraseando a un poeta ateniense llamado Arato, de un libro conocido como Fenómenos. Y "en él vivimos, nos movemos y existimos" es una frase de Epiménides de Cnosos. Y ahora es cuando debemos respirar y pensar en qué medida unos poetas paganos han contribuido a la Palabra de Dios. ¿Puede un artista ser inspirado por Dios sin ser cristiano? Y no es el único caso que encontramos en la Escritura.

Pero no hay que asustarse. Dios dio dones a las personas. A todas. Y donde haya verdad y belleza, ahí estará Dios. Dios le dio su don a Alejandro Sanz para componer Corazón partío. La libertad para ejercerlo bien o mal está en su mano. Pero solo Dios da dones. Nadie más.

DONDE HAYA VERDAD Y BELLEZA, AHÍ ESTARÁ DIOS

Cuando los pájaros cantan, no pronuncian Su Nombre, pero sin duda alaban a Dios, porque hacen aquello para lo que fueron creados. Cuando una científica usa su conocimiento para encontrar la cura de una enfermedad, quizá ella no lo sabe, pero su inteligencia es un don de Dios, y todo lo bueno proviene de Él. Dios la está inspirando. En un sentido, está sirviendo a Dios, aunque no sea consciente. *"Al Dios que ustedes han estado adorando sin conocer, es al que yo les anuncio"*. [26]

Detrás de toda verdad verdadera encontraremos siempre a Jesús. No nos asustemos de la cultura que, como es normal, puede estar sucia. Pero hay cosas de Dios, en todas partes. *"... toda la tierra está llena de su gloria..."*[27] Pablo lo sabía, y por eso podía ir a Atenas sin complejos; interactuar con la sociedad, usar sus creaciones artísticas que consideraba útiles para su charla TED, ser inspirador para sus oyentes y presentar de manera fiel el mensaje de la resurrección. Algunos respondieron afirmativamente, otros lo rechazaron, pero el areópago sigue esperando a que Pablo vuelva sin complejos. Y preparado.

ACERCA DE LA CULTURA

Distinguir entre ética y estética sirve para entender cabalmente nuestro acercamiento a los demás, también a las artes y a los artistas. A la gente que crea cultura y a los objetos culturales. La tensión de Hechos 15 sigue vigente hoy. Y Atenas nos espera.

Existe un libro clásico que habla acerca de: Cristo y la cultura, de H. Richard Niebuhr, donde el autor presenta cinco acercamientos hacia la cultura desde el cristianismo.

La primera postura es la de "Cristo contra la cultura". En ella, cuando entramos a la "Iglesia" nos salimos de la cultura, le damos la espalda y nos retiramos para vivir una vida santa.

26- Hechos 17:23
27- Isaías 6:3

La segunda es "Cristo de la cultura". Es un modelo que reconoce que Dios actúa en y a través de la cultura.

En tercer lugar, encontramos el modelo de *"Cristo sobre la cultura"*. Esta forma de acercamiento pretende suplementar y añadir con Cristo lo que de bueno tiene la cultura.

Después aparece "Cristo y la cultura frente a frente". Es un modelo dualista que distingue entre dos campos diferentes, uno sagrado y otro secular, donde los cristianos somos ciudadanos de ambos.

En quinto y último lugar está "Cristo transformando la cultura". Es un modelo conversionista que trata de transformar cada parte de la cultura con Cristo.

A pesar de algunas críticas que este libro ha recibido desde diversos ángulos, este escrito sigue siendo una propuesta válida para situarnos en el contexto que queremos amar, transformar, salvar, confrontar, abrazar, comprender, redimir. Ninguno de los modelos propuestos es concluyente. No es este el espacio para discutir en profundidad el tema, pero se ha llegado a la conclusión de que todos los modelos son correctos... e incorrectos. No tienen por qué ser mutuamente excluyentes.

Algunos de nosotros tendremos más simpatía por unos que por otros. Incluso es posible que dependiendo del caso podamos usar una estrategia u otra. Cada persona es un mundo, cada cultura también y esto suele ser una mezcolanza de contradicciones difíciles de ubicar en un solo modelo. A mi juicio, lo importante de todo este discurso es que seamos conscientes de esta tensión. Sin duda, encontramos sustento bíblico para ellos, y el Señor debe inspirarnos para saber aplicar el que corresponda con prudencia. Todo modelo tiene sus peligros. Apartarse del mundo, darle la espalda, puede tener como consecuencia legalismo y falta de compasión. Por otro lado, asumir un Cristo que actúa a través de la cultura y de la historia sin hacer una crítica previa, y acatar todo lo que pasa como providencia de Dios sin margen de actuación, nos puede llevar a aceptar injusticias o propuestas contrarias a Jesús.

Sin duda, debemos volver a Jesús y limpiar constantemente nuestras intenciones, nuestros modelos, para ser fieles al estilo de vida al que Jesús nos llama, a la gran comisión y al mandamiento más importante de todos: amar a Dios y al prójimo. Y nuestro arte de alguna u otra manera se verá impregnado por alguno de estos acercamientos.

Podemos generar alguna obra que solo los cristianos puedan comprender, utilizando símbolos sin ningún tipo de relevancia para la sociedad, o podemos rescatar conceptos de la cultura para presentar a Jesús, o al menos su cosmovisión, haciéndola comprensible. En cualquier caso, el llamado sigue vigente. La ética (la rama de la filosofía que estudia lo correcto o equivocado del comportamiento humano, la moral, la virtud, el deber, la felicidad y el buen vivir) de Jesús, no ha cambiado. Jesús tuvo la sabiduría suficiente para anclar sus enseñanzas y hacerlas universales, para todos, en cualquier momento y lugar, y también tuvo la sabiduría de entender que, aunque el sábado era sagrado, más sagrada es la vida humana. Estaba lleno de gracia y de verdad, en ese orden. Su ética sigue vigente hoy. Y es desde ella que creamos. Es la forma de la que estamos hechos.

Pero a libertad nos ha llamado el Señor. Hay margen de actuación, hay cosas con las que podemos experimentar, como Jesús hizo con el sábado. Por ejemplo, con la cuestión estética (la rama de la filosofía que estudia la esencia y la percepción de la belleza). La estética cambia de cultura a cultura; no es lo mismo el decoro de un domingo en una iglesia norteamericana que en una comunidad de creyentes en una tribu masai en Kenia. Y no contextualizar sería una locura contraproducente. Estaríamos desubicados.

Que el Señor nos ayude y dé la sabiduría para saber qué es negociable y qué no, cómo acercarnos a las diferentes culturas que forman nuestro entorno y hacer propuestas creativas que reflejen el amor de Dios.

"Sin libertad no hay creatividad, sin libertad no hay originalidad, sin libertad no hay arte, sin libertad ni siquiera hay cristianismo. Esta libertad solo puede existir si se basa en el amor hacia Dios y nuestro prójimo". Hans Rookmaker.

LA ALFOMBRA MÁGICA

Pedro tenía muchos prejuicios. Nosotros tenemos muchos prejuicios. Pedro oraba, nosotros también. Pedro tenía hambre, yo tengo hambre.

Un centurión romano llamado Cornelio estaba empezando a acercarse a Dios junto a su familia en Cesarea. Y Dios le habló, porque Dios no hace acepción de personas. Le dijo que llamase y trajese a su casa a Pedro, al que no conocía de nada y que se hospedaba en ese momento en casa de Simón el curtidor, en la ciudad marítima de Jope, a unos cuantos kilómetros de distancia. Y Cornelio lo mandó a llamar.

Al día siguiente, Pedro estaba en la terraza. Estaba orando y tenía hambre; a mí me pasa. Y no lo sabía, pero tenía prejuicios; a mí me pasa.

De repente, tuvo una visión. Una alfombra que bajaba desde el cielo. Y no, no estaban Aladdin ni Jazmín cantando un mundo ideal, aunque hubiera dado mucho que hablar.

En la alfombra, había toda clase de animales: cuadrúpedos terrestres, reptiles (el otro día probé el cocodrilo: está bueno, es mitad pulpo, mitad pollo) y aves del cielo. Me pregunto qué animales habría... ¿cuy?, ¿cerdo?, ¿conejo?, ¿gambas?, ¿un murciélago? No, un murciélago seguro que no, son demasiado feos.

"Y le vino una voz: Levántate, Pedro, mata y come. Entonces Pedro dijo: Señor, no; porque ninguna cosa común o inmunda he comido jamás. Volvió la voz a él la segunda vez: Lo que Dios limpió, no lo llames tú común. Esto ocurrió tres veces; y aquel lienzo volvió a ser recogido en el cielo". [28]

Pedro y su celo... no había comido jamás nada inmundo, nada común. Al parecer, Pedro creía que lo común a todo ser humano, a la naturaleza, era malo. Su ética aprendida, heredada, le impedía ver la belleza de lo común. Para él, lo común era inmundo. Pero Dios le insiste, quiere romper con sus prejuicios. Lo que Dios limpió, no lo llames tú común. Lo común, la creación de Dios es extraordinaria. En realidad, no existe nada común en este mundo, pues todo lo bueno viene de Él, por lo tanto, es espiritual en su raíz.

Y esto ocurrió tres veces, Dios es insistente en las lecciones que quiere que interioricemos bien.

Lo que Dios limpió, no lo llames tú común.
Lo que Dios limpió, no lo llames tú común.
Lo que Dios limpió, no lo llames tú común.

Pedro, como yo, no terminó de entenderlo. Y siguió con hambre, pero de pronto, llegaron tres personas que venían a buscarle de parte de un tal Cornelio. Pedro accedió a ir junto con otros hermanos a casa de este desconocido. Un día después, llegaron a Cesarea y Cornelio los recibió con honores. De repente, al entrar en casa de Cornelio, Pedro lo entendió todo, y la visión del día anterior cobró sentido.

"Y les dijo: Vosotros sabéis cuán abominable es para un judío juntarse o acercarse a un extranjero; pero a mí me ha mostrado Dios que a nadie llame común o impuro". [29]

28 - Hechos 10:13-16 RVR95
29 - Hechos 10:28 RVR95

Después de aquella conversación, Pedro les expuso el evangelio y el Espíritu Santo cayó sobre todos los que oían el discurso. Y se rompieron las barreras. Y entonces, Cornelio se convirtió en el primer gentil bautizado. Y esto es muy importante para todos nosotros, porque abrió la puerta para mí, y probablemente también para ti. Fue el principio de un cambio de paradigma en la Iglesia naciente.

Tres días antes, Pedro no hubiera estado preparado para este momento. A menos que la alfombra bajara del cielo. Cornelio iba a ser transformado, pero Pedro, que representa a la Iglesia, también debía ser transformado. Debía tratar con sus prejuicios; "mata y come, está limpio, lo he hecho yo".

Pedro es judío, Cornelio es gentil. Hay buenos y malos, hay cosas santas y cosas inmundas. Gente de un tipo y gente de otro tipo... Las estructuras de Pedro iban a empezar a cambiar. ¿Y las nuestras? Debemos volver siempre a Jesús y a su interpretación de las Escrituras, para recordar su ética, su arte de vivir frente a los nuevos retos que se nos presentan. Los "Cornelios" de este mundo están esperando.

El mismo Espíritu que hablaba a Cornelio "afuera", era el mismo que trataba con Pedro "adentro". En esa alfombra, en ese lienzo, hay muchas cosas. ¿Hay artes en ese lienzo?, ¿hay ciencias? Aún recuerdo que, cuando comencé a estudiar la carrera de psicología, me advirtieron de que podría perder la fe si la estudiaba.

Mata y come.

También me advirtieron cuando empecé una amistad con un compañero llamado Julio con el que estudiaba sonido y que era budista zen, y que me ayudó en mi primera maqueta de música. Algunos se extrañaban de que nuestras conversaciones girasen en torno al yoga y otros asuntos. Mientras, Julio escuchaba mis canciones. Comenzó a venir a las reuniones de oración los jueves por la tarde y me ayudaba con el sonido en las reuniones. A veces, se ponía en la posición de "flor de loto" o algo así. Era algo extraño. Un día, meses después, decidió entregar su corazón a Jesús. Hoy es un muy buen amigo mío, miembro de una iglesia en mi ciudad, felizmente casado y con dos hijos, y está sirviendo al Señor. Es un hombre de oración, se notaba de qué pasta estaba hecho.

Mata y come.

José Pedroche es un excelente dibujante de cómics. Pero no sabía cómo explotar todo su potencial. Era responsable de jóvenes en una iglesia, pero una vez que intentó hacer algo, le criticaron porque dibujaba muy bien a los espíritus malos.

Según mi criterio, era un genio que ilustraba tan bien como los evangelios los peligros del mal. Yo estaba escribiendo un comentario del capítulo 15 de Lucas y le pedí que lo ilustrara usando su imaginación y creando mundos de fantasía. Fue el complemento perfecto que necesitaba. Hoy sigue sirviendo ilustrando otros libros.

Mata y come.

¡Hay tantas cosas en ese lienzo! ¿Hay alguna rama del conocimiento que nos esté vetada?, ¿a la que la consideremos común e impura? ¿Hay personas de segunda y tercera clase? ¿Hay arte que en principio glorifique menos a Dios? ¿Aún hay judíos y gentiles?

Lo que Dios limpió, no lo llames tú común. Las palomas son preciosas, los murciélagos también. El murciélago está en el escudo de mi ciudad. Es un animal extraordinario y, además, se caracteriza por tener a raya a los mosquitos. Pero entonces, como eran malos, empezaron a cazarlos... y ahora tenemos los brazos llenos de picaduras de mosquitos.

Lo que Dios limpió, no lo llames tú común.

No es una conversación fácil, no es un tema baladí. El ejercicio intelectual más difícil no es aprender algo, sino desaprender algo. Desaprender lo aprendido, si está siendo un obstáculo para nuestra creatividad, para la misión de Dios, aunque es extremadamente difícil, es necesario. Rectificar es de sabios.

Pedro aún tenía muchas lecciones por delante que aprender, como yo. Un artesano siempre se mantiene aprendiendo, humilde, como la arcilla húmeda, humus, tierra húmeda, para cambiar de forma con facilidad, sin necesidad de romperse. Debemos seguir siendo moldeados.

Mata y come.

LA LEY DEL PÉNDULO

Una tendencia interesante en el arte y en la historia es esta curiosa ley. Pasamos de un extremo a otro. Somos extremistas. A nivel cultural y personal; con las modas y con las emociones. A nivel artístico también. Llegamos a unas superproducciones musicales que necesitan de inversiones grandísimas de dinero, con mucha instrumentación para triunfar y, de repente, nos cansamos y volvemos a una guitarra y una voz que se convierten en número uno en ventas.

Pasamos de una teología ultraconservadora a un liberalismo atroz que lo niega todo, y parece que en la vida todo es blanco y negro, cuando en realidad hay toda una gama de grises por descubrir. Estamos extasiados de alegría y de repente la tristeza nos abruma. Somos defensores de un tema en concreto y nos convertimos después en sus mayores detractores.

La ley del péndulo.

Algunos abogan por defender la verdad a toda costa y otros dicen que todo es gracia y amor. Y unos a otros se miran por encima del hombro. Nos miramos. Y olvidamos que Jesús estaba lleno de gracia y de verdad y que con sus manos extendidas tocaba los dos extremos.

En el arte ocurre lo mismo. Algunos conservadores no dan espacio a la libertad para explorar, para crear nuevas propuestas, y otros rompen tanto con los principios artísticos, que convirtieron la estética en antiestética en el siglo XX. Y el péndulo sigue moviéndose.

UN ARTESANO SIEMPRE SE MANTIENE APRENDIENDO, HUMILDE, COMO LA ARCILLA HÚMEDA

Del modernismo, tan afianzado en las ciencias, tan seguro de sí mismo, objetivo, pasamos al postmodernismo, donde la subjetividad reina, donde el misterio tiene su espacio y donde la verdad solo es una quimera. Y el péndulo sigue moviéndose.

Ser conscientes de este baile ayuda a situarnos. No me parece que ser reaccionario sea la mejor fuente de inspiración para innovar. El ir en contra de otros, por el hecho de hacerlo, no es propio de un seguidor de Jesús. Quizá muchos de ellos están viendo la misma verdad desde distintos puntos de vista y podemos llegar a un acuerdo, a crear algo juntos. ¿Dónde te sitúas tú? ¿Quién eres tú? En mi vida también he observado esta tendencia. CS Lewis decía que la oscilación es lo más parecido a la estabilidad a la que podemos aspirar unos seres anfibios como nosotros (anfibios en el sentido de que somos terrenales y espirituales). Quizá tenga razón. Tenemos épocas más reflexivas y otras más alegres. Es normal, no debemos machacarnos por eso. Y cada sensación, bien canalizada, es una buena fuente de creatividad.

A nivel ético en el mundo ocurre también. En mi país, después de pasar de una dictadura donde la censura estaba a la orden del día en el cine, se pasó a una época conocida como "cine de destape". A partir de 1975, más del cincuenta por ciento de las películas hechas en España pertenecían a este género, donde no había pudor, sobre todo para mostrar el desnudo de la mujer. Fue una reacción a la época anterior. Y el péndulo sigue moviéndose.

Japón ha pasado de ser un país donde la comunidad es primordial, a un individualismo que está trayendo consecuencias en los jóvenes de carácter psicológico grave, un síndrome conocido como Hikikomori, aislamiento social agudo. Y el péndulo sigue moviéndose.

Hegel, filósofo alemán de finales del siglo XVIII y principios del XIX, propuso un sistema para explicar este fenómeno en la filosofía, en el pensamiento y en los movimientos sociales conocido como **dialéctica**: una progresión no lineal en la que cada movimiento sucesivo surge como solución de las contradicciones inherentes al movimiento anterior.

Tesis, antítesis, síntesis. Con un paso abrupto de una cosmovisión a otra. Algo que explicará más adelante Thomas Kuhn y sus cambios de paradigma en las ciencias, que no son progresivos, sino que, como ocurrió con un paradigma científico tan en boga hasta bien entrado el siglo XX como eran las leyes newtonianas, se pasó a la física de Einstein, después de que el primero fuera puesto en duda debido a la acumulación de evidencias científicas irrefutables. Este cambio no fue lineal, sino que pasó por un momento crítico que dio un vuelco acelerado a la física tal y como se había entendido hasta ese momento. En medio hubo escuelas enfrentadas, extremismos y negaciones cruzadas. El cambio de paradigma se produjo, y las ciencias dieron un vuelco. Y el péndulo sigue moviéndose.

Volviendo a Hegel, esta es su propuesta:

Tesis es la primera afirmación, argumentada, sobre la que se sostienen los presupuestos que creíamos hasta ese momento. Antítesis, la afirmación contraria, la respuesta a la tesis, una propuesta que se enfrenta también con argumentos a la hipótesis primera. Síntesis es lo que ocurre cuando el péndulo parece que se detiene en el medio. Se llega a una conclusión que es el resultado del proceso dialéctico entre la tesis y la antítesis, que supera la contradicción y genera una nueva tesis, por el momento. ¿Te has mareado?

Haciendo un análisis de los movimientos dentro de la Iglesia, se llega a conclusiones muy interesantes acerca de cómo se crean polos enfrentados, reales o imaginarios. Por ejemplo: "estudio de la Palabra" frente a una "espiritualidad carismática", y cómo respondemos los unos a los otros, donde algunos se van a los extremos enfrentándonos. Muchos se atrincheran e incluso radicalizan sus posturas. Pero en este baile, creo que llegaremos a una síntesis. Siempre ha ocurrido. Podemos encontrar estas problemáticas incluso en las cartas de Pablo, en la epístola a los Romanos, donde la gracia y la ley parecen enfrentadas, pero en Cristo se produce la síntesis, el cumplimiento de la ley y la vida por gracia. Dicho de una manera poética,

"El amor y la verdad se encontrarán; se besarán la paz y la justicia". [30]

Y en nuestro arte también sucede. En nuestra música cúltica teníamos antiguos himnos llenos de contenido teológico y ahora tenemos canciones más ligeras, simplemente expresivas de lo que sentimos delante de Dios. Ha habido reacciones dentro de estos movimientos y sigo esperando una buena síntesis.

En nuestro acercamiento al mundo también bailamos a este son. Pasamos de dejarlo atrás —"la cruz delante, el mundo atrás", dice el antiguo himno—, a volver la cara hacia el mundo, quizá excediéndonos, dejando atrás aspectos espirituales que siguen siendo necesarios. Pero llegaremos a una síntesis; la Biblia y el Espíritu Santo nos ayudarán.

Ser consciente de estos movimientos ayuda a situarnos y a no necesariamente seguir la corriente, sino ser generadores de movimiento, donde el motor no es la contestación, el ir en "contra de", sino volver a Jesús, donde se encuentran la humanidad y la divinidad, quien *"... de los dos pueblos ha hecho uno solo, derribando (...) el muro de enemistad"* [31], porque *"... el lobo y el cordero se echarán juntos, el leopardo y las cabras estarán en paz (...) y un niñito los pastoreará..."* [32]. Una síntesis maravillosa.

No nos dejemos llevar; entendamos la época que nos ha tocado vivir, su tendencia, y traigamos el Reino de Dios a un mundo que está en constante movimiento. Y que, aunque oscilante, avanza hacia la esperanza última, cuando el péndulo se detendrá y la eternidad inundará el tiempo.

ARTE O PROPAGANDA

Queremos hacernos oír, es necesario. La fe viene por el oír y el oír la palabra de Dios. Pero el fin no justifica los medios, aunque el fin sea el fin más importante de todos: el evangelio.

La propaganda es una forma o estilo de comunicación que pretende influir en la actitud de una comunidad respecto a algún producto, causa o posición, presentando solamente un lado o aspecto de un argumento, mostrando así de una manera muy sesgada y partidista la "verdad", para conseguir sus propios fines. Somos llamados a proclamar, no a hacer propaganda de Jesús; tampoco del evangelio ni de nuestros proyectos, y mucho menos de nosotros mismos. Un artesano no hace eso. Jesús jamás hizo eso. De hecho, cuando otros querían hacerle propaganda barata, Jesús los mandaba callar.

---

30 - Salmos 85:10 NVI
31 - Efesios 2:14 NVI
32 - Isaías 11:6

Joseph Goebbels, ministro para la Ilustración pública y propaganda del Tercer Reich, redefinió el concepto de propaganda, lo perfeccionó y lo afiló para que diera mejores resultados. Usó el marketing social. Ensalzaba el orgullo propio, apelando al egoísmo de cada uno de los receptores de sus campañas. Si era necesario, usando medias verdades.

Y también hacía esperar al público las buenas noticias, para crear más suspense y generar así mayor alegría final como resultado. Fue el primer generador de *hype*. Desde entonces, las campañas políticas se deciden más por eslóganes, colores, pancartas, ruido y presencia en los medios que realmente por el programa que ofrecen. Y eso se ha trasladado a casi todas las áreas de nuestra vida.

Y si eso te suena demasiado a lo que muchos hacemos, todavía no he terminado. Crear *hype* consiste en hacer una excesiva publicidad con el objetivo de originar en el individuo una imagen o idea sobre el producto sin importar su calidad. La palabra *hype* traducida al idioma español es "exagerado". Y sí, es una palabra que viene del griego, hyper: por encima, exagerar. Como súper. Como aquellos súper apóstoles, súper enviados que Pablo denuncia en 2 de Corintios 11 y 12, con una ironía extraordinaria, tratándose a sí mismo como un loco para retratar la actitud de aquellos que se auto promocionan y se enorgullecen de sí mismos.

Lee esos capítulos desde esta perspectiva, no tienen desperdicio. Pero es algo tan común en nuestra cultura, forma parte tan profundamente de nuestra manera de hacer las cosas, de nuestra estética, que no vemos que también esconde una parte ética que no está de acuerdo a la manera de hacer las cosas de Jesús. No sabe el pez que está mojado. Y se ha convertido en un punto ciego de nuestro arte. No lo vemos mal. Peor, lo vemos necesario. Caímos en la trampa de "si no lo comunicas no está pasando, el que más comunica, gana".

El arte se ha puesto al servicio de la propaganda; todos queremos crear expectativas de todo lo que ocurre en nuestras comunidades de fe, congresos y eventos, o con nuestras creaciones artísticas. Ahora todo son "singles", por ejemplo, y se anuncian con una cuenta atrás para generar una falsa expectativa de satisfacción. Ya sabes quién inventó eso.

Y no digo que esté mal informar, estar comunicados y ser buenos mayordomos, pero siempre he creído en la existencia de una línea que es muy fácil traspasar. Si eso se convierte en un fin en sí mismo y damos más importancia a la comunicación en sí que a lo que ofrecemos, intentando hacer ruido por hacer, estamos, perdón que lo diga así (pero a estas alturas ya tengo confianza contigo), pecando.

Y nadie está exento. Yo lo he hecho, a veces sin ser consciente. Y con las redes sociales tan a la mano, es extremadamente difícil no hacerlo; la ocasión hace al ladrón, dice el refrán. Aunque asumo mi responsabilidad. Y quiero ser ejemplo.

El arte de la retórica, de argumentar, se ha sustituido por el eslogan de última moda, el gancho para conseguir que "todos escuchen". Propaganda política trasladada a la sociedad de consumo que genera consumidores guiados por frases hechas. En una asignatura llamada psicología social tuve que estudiar todas estas técnicas que no dan más herramientas al oyente para tener criterio, sino que lo manipulan y entontecen.

NUESTRAS OBRAS DE ARTE, SI VAN A SER CONOCIDAS, DEBEN GANÁRSELO POR DERECHO PROPIO

Ese no es el estilo de mi Dios, se parece más al de un reptil que acostumbraba a visitar jardines. Hay que ganarse el derecho a ser escuchados, con la excelencia, con la belleza, con la inteligencia, con la creatividad. Nuestras obras de arte, si van a ser conocidas, deben ganárselo por derecho propio, no hinchando números ni usando palabras grandilocuentes.

*"Deja que sean otros los que te alaben;
no te alabes tú mismo"*[33].

Este versículo atenta contra uno de los ídolos más peligrosos del siglo XXI: Yo.

En la época del *selfie*, esto suena tan contracultura que parece una broma. Rick Warren, en su libro Liderazgo con propósito dice: "Si tienes que decir que eres el líder es que no lo eres". Brillante. Si tienes que hacer propaganda...

Y hay muchas maneras de hacerlo mal. Pero dejaré los ejemplos para las conferencias. Invítenme. Este es un ejemplo.

Y no, no los pondré.

Por último, también hemos convertido nuestras propias creaciones artísticas en mera propaganda. En mi campo, el de la música, del género canción, dentro del género CCM (Contemporany Christian Music), en muchos casos hemos

---

33- Proverbios 27:2

limitado nuestra creatividad a hacerle propaganda barata al Señor, que no la necesita, en lugar de hacer canciones desde la sinceridad y la experiencia real. Además, lo hemos hecho enfocándonos exclusivamente en aquellos que ya forman parte de la comunidad cristiana. Andy Crouch lo explica de manera extraordinaria en su libro *Crear cultura*. La CCM comenzó en los años 70 con grupos de rock cantando a Jesús y viajando en furgoneta por todo los Estados Unidos. Se convirtió al poco tiempo en una industria poderosa que movía millones de dólares.

De repente, el estilo de música que estaba prohibido, ahora se podía escuchar porque decía "Jesús". Si eras un joven de trece años te hacían la persona más feliz de la Tierra. Ahora podías relacionarte con la cultura de otra manera. Aunque el contenido se empobrecía para subir las ventas. Cuanto más evidente era el mensaje, mayor número de venta entre los cristianos.

Fue todo un cambio que ha afectado mucho más de lo que pensamos al evangelicalismo, no solo del Norte de América sino, por trasvase, también al del centro y del sur, de Europa y del mundo. No solo en la música, sino en la comprensión de lo que la Iglesia es. Para "triunfar" solo había que tener la habilidad de copiar la tendencia musical de aquel año y sustituir un poco el contenido. Y no era necesariamente para comunicar el mensaje al mundo— de hecho, el mundo cada vez hizo menos caso a esta industria que comenzó a tener sus propios códigos—, sino para que los cristianos pudiesen consumir el tipo de música que les gustaba, pero con otro tipo de contenido y sin sentirse culpables.

En un capítulo de una famosa serie de animación canadiense que trata este tema de la CCM, un grupo musical solo cambiaba la palabra "Baby" por "Jesús" y ya tenían la canción.

Y no sé si esto es válido o no, pero al menos debe ser repensado, advirtiendo los peligros que conlleva y teniendo en cuenta que, a nivel artístico, ya no seremos una contracultura, sino una subcultura. Grande, con recursos y con dinero, pero una subcultura. Con demasiada propaganda y pocas propuestas artísticas.

En las artes visuales, los diseños muchas veces se limitan a seguir la estela de la estética de moda, sin propuestas de vanguardia... Incluso en el diseño de nuestra vida comunitaria, nuestro arte social, a veces nos limitamos a hacer propaganda de todo lo bueno, desde el minuto uno de la reunión hasta que acaba.

Todo lo que se presenta es triunfalismo, en muchos casos apelando al orgullo de los receptores, dando las buenas noticias en los momentos oportunos, "creando expectativa" (esta frase se usa como si fuera normal "crear expectativa", es como dar a la gente un afrodisíaco para que se sienta enamorado, no es real) y después de la dosis, que vuelvan a sus casas motivados, para seguir consumiendo. Jesús, sálvanos, sálvame de la propaganda y vuélveme a enseñar cómo proclamabas tú las buenas noticias.

Hans Rookmaker recuerda: sería un error decir que el arte solo es bueno si promueve el cristianismo. La fe viene por el oír, y el oír la palabra de Dios.

Seamos comunicadores, *influencers*, publicistas, artistas, movilizadores, directores, maestros, abogados, predicadores, incluso músicos, conocidos o desconocidos, pero honestos, con nosotros mismos, nuestro arte, y con los demás. Que nuestras comunidades de fe no se vendan. Porque el fin no justifica los medios. Nuestra estética es negociable hasta cierto punto, nuestra ética no. Y la línea que los separa siempre ha sido muy delgada. Que el Señor nos ayude.

DESCARGA gratis un Bonus de este capítulo en: **www.e625.com/artesano**

VOL. V

LA MÚSICA DEL HERMANO JUAN

Fue el octavo hijo de la familia. Nació en Eisenach, la misma ciudad donde, ciento cincuenta años antes, Martín Lutero había traducido la Biblia y compuesto tantos himnos.

Su padre también se llamaba Juan, era violinista y trompetista en aquel pueblo de seis mil habitantes en Alemania.

Mientras aprendía a tocar diversos instrumentos, cantaba en el coro de su iglesia. En un intervalo de ocho meses, fallecieron su madre y su padre quedando huérfano con tan solo diez años. Se fue a vivir con su hermano, catorce años mayor que él, y aprendió el oficio de la familia. Todos sus tíos eran músicos profesionales así que, a pesar de las dificultades, se empapó de la herencia familiar. Su hermano le enseñó a tocar el órgano y el clavicordio, mientras aprendía teoría musical y composición, copiando a escondidas las partituras de otros, algo que estaba prohibido debido al gran coste del papel. Era muy talentoso; a los catorce años ya fue becado para seguir estudiando en las mejores escuelas, no solo como instrumentista y compositor sino también como cantor.

SDG

Su fe en Jesús fue el motor de todo lo que hizo. Sus padres, fieles protestantes, le supieron guiar en sus primeros años y, lo que sembraron en su niñez, dio fruto a su tiempo.

Ocupó varios puestos de renombre y trabajó de cantor, organista y compositor en muchos lugares, con los mejores músicos de la época. Compuso música sacra y profana, fue muy productivo. Sus obras en total suman más de mil. Compuso canciones (cantatas para su iglesia), pasiones, oratorios y música coral, conciertos para orquesta, preludios, fugas, suites, fantasías, variaciones, pasacalles, obras para órgano, laúd, violín, violonchelo... Durante sus últimos veintisiete años de vida fue Kantor (una especie de responsable de alabanza de la época) en la Iglesia de Santo Tomás en Leipzig. Debía componer distintas obras semanalmente para ser cantadas en muchas de las iglesias de la ciudad. Y tuvo veinte hijos. Fue productivo en todos los aspectos.

Este genial compositor firmaba sus obras para la iglesia siempre de la misma manera: SDG. Y también muchas de sus obras profanas: SDG.

No ponía su nombre, sino SDG.

Soli Deo Gloria. Del latín, Solo a Dios la Gloria. Esta frase forma parte de las "cinco solas" que hemos heredado de la Reforma Protestante. Juan pensaba que "el único propósito de la música debiera ser la Gloria de Dios y la recreación del espíritu humano". El único propósito de las artes, diría yo. Él veía su talento como un regalo de Dios, y su expresión, fuera cual fuera, como un servicio a Dios, y por lo tanto, a las personas. Se consideraba un artesano que trabaja para la gloria de Dios, fuera cual fuera su oficio. Y esa es una perspectiva que hemos heredado como cristianos: nuestra vocación es nuestro sacerdocio, cualquier trabajo puede hacerse para la gloria de Dios. Es tan cristiano cocinar, fregar o escribir como componer, predicar o estudiar ingeniería industrial.

Juan tampoco veía la música solamente como una herramienta para la evangelización, no era solamente utilitarista, sino que era parte de su adoración a Dios, de su vida diaria, un fruto natural que mostraba dónde tenía puestas sus raíces. Por eso, sus cantatas para la iglesia no son más cristianas que sus pasacalles, que componía para las fiestas y para que la gente disfrutara. Estaba tan agradecido que todo lo que hacía, fuera enseñar matemáticas o teología (sí, también lo hacía), o componer, lo consideraba como una ofrenda a Dios. Jesús lo había salvado. SDG.

Juan nunca fue atraído al estrellato, la fama o la fortuna. Su incuestionable genialidad fue siempre adornada con modestia y falta de pretensión. Unas ropas que hoy en día cuesta ponernos. Aunque tuvo un éxito (esta palabra necesita ser repensada en la actualidad) relativo durante su vida, y su muerte fue anunciada en el periódico de su ciudad, después de fallecer a los sesenta y cinco años en 1750, fue enterrado en un viejo cementerio sin demasiados honores ni bienes.

Pocos años después su nombre y sus obras cayeron en el olvido. Nadie sabía que detrás de la firma SDG se encontraba Johann Sebastian Bach. Nuestro hermano Juan.

CANTATA

Entre sus muchas ocupaciones, durante una larga etapa de su vida, Bach componía al menos dos cantatas a la semana, para dos iglesias distintas de la ciudad. Todo un reto. Como la reforma protestante había suprimido el latín de los cantos eclesiásticos, hacía falta nuevo repertorio, con melodías que pudieran aprender en su idioma la congregación. Como decía Martín Lutero: "Para que la palabra de Dios permanezca viva en los corazones por medio de la canción". Componía y arreglaba armónicamente muchos de los himnos de tradición germana, y así hacía sus cantatas, siempre acompañadas por el coro.

Le imagino escribiendo, arreglando voces, preparando las partituras para los cantantes, corrigiendo a última hora del sábado. Todas las semanas. Gracias a Dios no había que llamar al técnico de sonido en aquella época. Escribió alrededor de unas doscientas. Además, componía de acuerdo al texto bíblico que se iba a leer y estudiar esa semana en las iglesias (¡!), llenando de contenido teológico sus obras. Y solo quiero que recuerdes su familia super numerosa. Tenía un equipo de fútbol completo. Pero de manera extraordinaria, todo lo que ocurría los domingos tenía un sentido pedagógico total, 360 grados, gracias a su arte.

Ochenta años después de la muerte de Juan, un extraordinario compositor romántico, Félix Mendelssohn, de origen judío y ferviente creyente evangélico, había aprendido piano con un libro: *El clave bien temperado*, que su maestro le había proporcionado. Por aquella época, los compositores de moda eran Mozart, Haydn, Händel... era difícil encontrar nuevas obras mejores o que estuvieran a la altura.

Con tan solo veinte años, Félix se propuso dirigir una composición que descubrió indagando en el repertorio del autor de aquel libro de piano. La obra se titulaba La pasión según *San Mateo*, de Juan Sebastian Bach. Esta gran obra de oratoria, de difícil ejecución, con voces solistas, doble coro y doble orquesta, no se había interpretado desde hacía más de ochenta años.

La presentó en Berlín, y fue todo un éxito. Todos se preguntaban quién era el genio de esta obra maestra. Bach había resurgido, para no irse nunca más. Los estudios sobre sus composiciones comenzaron y los expertos redescubrieron la ingente cantidad de música que había creado, su armonía exquisita, su maestría para el contrapunto y sus melodías sublimes. Hoy en día siguen descubriendo más de sus obras. Es lo que tiene firmar SDG.

También resurgieron sus cantatas. Algo que había compuesto para los domingos, un sencillo servicio para su "iglesia local" que trascendía ochenta años después para el gran público alemán. Así, a través de este arte, Bach se convierte en uno de los más importantes vehículos para la transmisión de las ideas de la Reforma Protestante. Hasta hoy.

Bach no se imaginaba lo que Dios puede hacer a través de nuestro esfuerzo y dedicación. Simplemente servía al Señor con corazón sencillo, llenando de contenido sus obras, mostrando una cosmovisión de acuerdo a su fe, con una excelencia técnica insuperable.

Nuestro arte puede embellecer aquellas materias primas que usa. El mensaje de Jesús es demasiado importante como para no vestirlo como se merece. Debemos llenar la verdad con la belleza que el Señor ha depositado en nosotros. Bach lo hizo así, con esmero en todas sus obras. Entendió para qué había nacido, nunca supo la trascendencia que iba a tener su trabajo, solo se mantuvo fiel hasta el final de sus días.

Su arte extraordinario llegó mucho más allá que su propia vida, lo que hizo con lo que Dios le había regalado sigue llegando a millones de personas hoy.

El sábado por la noche, mientras Juan transcribía los últimos arreglos de la cantata del día siguiente a la luz del candil y bajaba tres tonos una nota demasiado aguda porque uno de sus cantantes principales estaba enfermo, solo pensaba que su Dios merecía lo que estaba haciendo.

"Para que la palabra de Dios permanezca viva en los corazones por medio de la canción".

HIJOS

Tuvo veinte hijos entre sus veintitrés y sus cincuenta y siete años, pero solo sobrevivieron nueve de ellos. En aquella época la mortandad infantil era elevada. Tuvo siete de su primer matrimonio y sobrevivieron cuatro. Su mujer falleció y se volvió a casar con una cantante, Anna Magdalena, con la que tuvo trece, de los que solo sobrevivieron cinco.

Y la mayoría fueron músicos. Muchos de ellos grandes músicos y muy conocidos en la época, fueron compositores e intérpretes reputados por derecho propio:

Wilhelm Friedemann Bach, Carl Philipp Emanuel Bach (del que Wolfgang Amadeus Mozart tenía muy buena opinión) , Johann Christoph Friedrich Bach y Johann Christian Bach, que fue una de las influencias principales del mencionado Mozart, pues lo consideraba el mayor genio musical del siglo.

De hecho, algunos de ellos fueron más conocidos durante sus vidas y los años siguientes que su padre. La música de Bach era considerada en exceso intelectual, la de sus hijos estaba más "a la última", y a él le decían que estaba "pasado de moda", aunque compositores como Beethoven o Mozart siempre reconocieron su valor, pero no trascendía más allá.

Sus hijos eran conocidos por la ciudad donde ejercían su oficio: El Bach de Desdre, El Bach de Berlin y Hamburgo (Carl Philipp, quizá el más conocido), el Bach de Bückeburgo, el Bach de Milán y de Londres... "Los Bach", es un buen nombre para una serie de "Netflix".

Después de Mendelssohn, todos vieron la genialidad de J. S. Bach a gran escala, pero quizá lo más importante fue su influencia en sus hijos, su familia, su ciudad. La expresividad de sus obras, que descubrió la generación romántica, fue disfrutada por los más cercanos en primer lugar, y eso multiplicó los Bach por otras ciudades. Hasta llegar a influenciar a Mozart a través de sus hijos, ¿no te parece increíble?

Aunque Bach no hubiera sido redescubierto ochenta años después, el esfuerzo hubiera valido la pena, su legado hubiese llegado hasta nosotros por otras vías, por las composiciones de otros... que

NUESTRO ARTE PUEDE EMBELLECER AQUELLAS MATERIAS PRIMAS QUE USA

su nombre sea conocido no es lo importante, y él lo sabía. Su creatividad inspiró a los que tenía más cerca, y multiplicó el bien que hizo a este mundo a través de lo que sembró también en su familia. Un artesano no olvida esto. Sus hijos fueron extraordinarios, su mujer también.

EL LIBRO DE ANA

Él la amaba con locura. Fue su consuelo después de la muerte de su primera esposa, quien le había dejado con una tristeza difícil de sobrellevar. Se conocieron, se enamoraron y se casaron. Y se convirtió en su compañera fiel hasta la muerte. Era cantante profesional, Anna Magdalena Bach tenía trabajo propio y un buen sueldo que la convertía en alguien independiente económicamente cuando decidió casarse con Bach, y todos concuerdan en que fue un matrimonio por amor. Prueba de ellos son los trece hijos que tuvieron juntos y las notas y cartas que han conservado de ella para su marido.

Anna ayudó a transcribir muchas obras de Bach. Y al final de sus días se parecían tanto sus caligrafías que han descubierto que algunas "partituras originales" que se conservaban de J. S. Bach en realidad habían sido escritas por Anna.

Un día Juan le hizo un regalo. Un cuaderno, en realidad dos, de compilaciones de compositores de la época, algunas obras anónimas y otras de alguno de sus hijos y del propio Bach. Así Anna podía practicar con su clavicordio. Incluso este libro la motivó a componer y así lo hizo, algo que no era común para las mujeres en aquella época.

Aquel libro se titulaba *Cuaderno para piano* de *Anna Magdalena Bach*. Y si eres pianista conoces este libro y lo tienes en algún lugar de tu casa. No hay pianista que haya pisado un conservatorio que no conozca o haya estudiado con este libro, que tiene ya cerca de trescientos años y sigue tan vigente hoy como cuando Juan le dijo a Ana: "¡Ábrelo, es para ti!".

Un regalo para su mujer, por amor, que hoy es el cuaderno para que todos aprendamos. Y si no eres pianista y lo buscas en *Spotify* o *YouTube*, muchas de las canciones te sonarán de bandas sonoras, tonos de teléfono móvil, anuncios de televisión o de haber visto a niños practicando. El cuaderno de Anna ahora es de todos nosotros. Es un regalo para todos nosotros.

Cuando bendecimos a alguien, con nuestro arte, con nuestra creatividad, en realidad estamos haciendo mucho por la humanidad. De hecho, para bendecir a la humanidad hay que bendecir a alguien en concreto. Bendiciendo a uno, bendices a muchos; amando a uno, amas a muchos. Para crear, a veces es mejor pensar en un destinatario que en miles. Si lo que quieres es aprender el arte de amar, debes amar al prójimo. Al próximo que tienes cerca. Y la persona más cercana a Juan Sebastián era Anna.

Para ser artesanos, quizá debamos pensar qué podemos crear para bendecir a nuestro prójimo, y no pasarlo por alto para amar a toda la humanidad. Solo así podremos ser capaces de bendecir a muchos. Jesús nos salvó a todos, amó a todos y lo hizo de manera particular, con nombres y apellidos. Y eso es lo sorprendente de Dios, no que vino a salvar la humanidad, sino que vino a salvarme a mí, a nosotros. Porque Él nos ama con locura.

TIEMPO COMPLETO SAGRADO

"No hay tal cosa como un estilo santo y un estilo impío". Francis A. Schaeffer

Bach no distinguía entre música sacra y profana, usaba melodías muy parecidas, siempre con su genial estilo. Para él no hacía falta poner letra a la música para que esta alabara a Dios. Ya lo hace, por el mero hecho de ser bella, por ser extraordinaria.

Por ser.

La música es de Él, por Él y para Él. Como todo. Como el canto de los pájaros, el amanecer del sol en la costa del Mediterráneo o el galope de los caballos. Hasta las piedras, cuando están ahí, siendo piedras, alaban a Dios. No hay piedras cristianas y no cristianas. Sería un tema extraordinario para tratar en algún seminario alemán: "Las piedras y sus creencias, un acercamiento ontológico al propósito de las rocas". A Bach le encantaba improvisar, "no hay Bach sin jazz, no hay jazz sin Bach" dicen por ahí. En vida fue conocido mucho más como intérprete que como compositor. Interpretando, improvisando, también estaba en un sentido "creando" y dando gloria a Dios. Y le daba igual el contexto.

Ver tu vocación, tu trabajo, tu artesanía como un acto de adoración a Dios es revolucionario. En demasiadas ocasiones, en nuestro medio evangélico se escucha en nuestras conversaciones la frase: "Yo estoy a tiempo completo", "yo estoy a medio tiempo", "yo tengo un trabajo secular (secular, del latín: de este siglo)", y así. Y a veces el lenguaje nos juega malas pasadas y nos educa sin querer. Y tenemos que desaprender (el ejercicio intelectual más difícil de todos).

Bach sabía que fuera quien fuera quien le pagase a final de mes, él estaba a tiempo completo. La división de laicos y sacerdotes lleva dos mil años desfasada. Todos somos reyes y sacerdotes. La división entre los que "están en el ministerio y los que no", si somos parte de la Iglesia, lleva dos mil años desfasada.

Efesios 4:11 lo recuerda cuando habla de los "cinco ministerios" (algo también que debemos revisar) y su propósito. Veamos:

"... a fin de capacitar al pueblo de Dios para la obra de servicio, para edificar el cuerpo de Cristo".[34]

En otras versiones dice: *"a fin de perfeccionar a los **santos** para la obra del **ministerio**...".*[35] (RVR95, itálicas del autor). O sea, son los santos, el pueblo de Dios, nosotros, los que hacemos la obra del servicio, la obra del ministerio.

PARA BENDECIR A LA HUMANIDAD HAY QUE BENDECIR A ALGUIEN EN CONCRETO

Y ¿qué hacen los del versículo 11? Capacitarnos, prepararnos para estar, vivir, actuar en el ministerio, es decir, en nuestra vida diaria. Porque todos los seguidores de Jesús estamos a tiempo completo. Quién paga es lo de menos.

A muchos jóvenes artistas de nuestro medio les hemos obligado a creer que llevan una doble vida. La que pueden hacer con un arte sagrado, por y para la Iglesia, y aquel que hacen de puertas para afuera, casi pidiendo disculpas, escondiendo sus creaciones porque no llevan un pez, como los de los coches, o no dicen "Dios" cada dos versos, o no han puesto un versículo en alguno de sus cuadros; además, distinguiendo entre artes o artesanías que sí pueden usar y otras que no. Es hora de que entendamos que, con esa actitud limitante y reduccionista, estamos perdiendo a los mejores creadores de cultura que

---

34 - Efesios 4:12 NVI
35 - Efesios 4:12 RVR95 [énfasis del autor]

tenemos, porque en lugar de "capacitarlos para la obra", para obras de arte extraordinarias, para edificar el Reino que se extiende como la levadura, y para que como águilas vean lo que nosotros no podemos ver y vayan más allá de nuestros límites, les cortamos las alas y los convertimos en gallinas, incapaces de salir del corral.

Un artesano vive frente a Él, siempre. En Él vivimos, nos movemos y somos. Todo lo que hacemos como cristianos es, en un sentido profundo, sagrado. Ojalá podamos entenderlo. Recuerda siempre que "cristiano" es un genial sustantivo, pero un pobre adjetivo.

Pasemos de "música cristiana" (algo extremadamente difícil de enmarcar) a "cristianos que hacen música". Pasemos de artistas cristianos, a cristianos artistas. De la misma manera que valoramos otros oficios, como cristianos panaderos, banqueros, cristianos arquitectos... ¡arquitectos!, a nadie se le ocurriría decir que un arquitecto solo puede servir con su arte haciendo iglesias. Hogares, hospitales, colegios, centros culturales, museos, parques, edificios de negocios, centros deportivos...toda iniciativa sería por Él y para Él.

Bach, el arquitecto de la armonía, era muy consciente de estar a tiempo completo, un tiempo sagrado. Sigamos edificando; el arquitecto nos anima a construir Su Reino a través de obras de servicio para los que estamos a tiempo completo, es decir, para todos. Quién paga es lo de menos.

Los pájaros también están a tiempo completo. Y a menos que sean loros, no están capacitados para decir "Dios", pero le dan gloria. No sé quién les paga, pero Dios cuida de ellos. Igual que cuida de nosotros.

"INFLUENCER" BIEN TEMPERADO

"J. S. Bach es el padre original de la armonía". Ludwig van Beethoven

Mi despacho está lleno de libros. Me encanta el desorden que genera tener papeles amontonados, siempre me ha resultado evocador. Combino la luz indirecta de la ventana con un foco que apunta directamente al teclado de mi ordenador. Diccionarios bíblicos se superponen y se combinan con fotocopias para el estudio de esta tarde en mi iglesia. Hoy toca *Hechos de los apóstoles*. Intentaré explicar los tres viajes de Pablo y dónde y cuándo escribió cada una de sus cartas y por qué. Todo un reto que me encanta, y de fondo estoy escuchando, gracias a *YouTube*, todas las suites para violoncelo del hermano Juan. Con casi cuatro millones de reproducciones, sigue siendo todo un éxito. Interpretado por el gran violonchelista catalán Pau Casals. Lo tengo solo para mí, en mi cuarto. Gracias a la combinación del compositor de hace cientos de años, el intérprete de hace décadas y *YouTube*. Me resulta increíble y milagroso. Así es el arte.

Cuando digo suites para violonchelo, me refiero a justamente eso: solo un violonchelo. Solo uno. Nada más. Y es majestuoso. Y su afinación es extraordinaria. La sensibilidad de Bach sigue sorprendiendo a todos los eruditos. No hay un estudiante de conservatorio que se precie que no haya pasado por sus partituras de alguna manera, ya sea para interpretarlas o para analizar la minuciosidad con la que trataba cada nota. Un perito arquitecto de la armonía que no dejaba nada al azar. Algunos musicólogos investigan los mensajes ocultos que tenían acerca de su fe en Jesús. Como creativo, usaba las melodías de otras obras suyas que eran acompañados por frases; por ejemplo, las cantatas, y aunque aquí los motivos no tenían lírica, porque era una sinfonía, o una suite, si les ponías la letra que le correspondía en sus otras obras, se armaba un puzzle que cobraba sentido.

Un verdadero maestro artesano. En sus obras había varios niveles de significado. Al final de sus días comenzó a jugar con la simetría musical, le encantaba, y creaba acertijos y problemas musicales para sus alumnos. De él se han dicho muchas cosas porque es el músico preferido de los grandes músicos. Porque probablemente ningún músico haya innovado y aportado tanto a la música, en síntesis, organización y maestría técnica como Bach. Y sin duda, una de las mayores aportaciones que hizo a la cultura y que mayor influencia ha tenido como objeto cultural en la historia, es su libro *El clave bien temperado*. En realidad, es el nombre de dos ciclos de preludios y fugas compuestos por él en todas las tonalidades mayores y menores.

"Temperamento" se refiere al tipo de afinación de los instrumentos. Hoy damos por hecho que los doce semitonos de la escala cromática siempre están a la misma distancia unos de otros. Nuestro oído está educado así desde que nacemos. Pero no siempre fue así.

Al principio, la afinación era "pitagórica", sí, de Pitágoras, un filósofo griego. En ella la escala se dividía en doce partes desiguales matemáticamente perfectas por la regla de 3:2 y los instrumentos solo permitían ejecutar obras muy sencillas en una sola tonalidad, porque en otras tonalidades sonaban terriblemente desafinadas. Se generaban terribles armónicos imposibles de escuchar. Es como si en un piano todo hubiese que tocarlo en do mayor.

Durante siglos se intentó resolver de distintas maneras esta limitación, que impedía que la música avanzase y en la época de Bach, el barroco, el "temperamento bueno" fue una de esas soluciones, pero aun así no terminaba de ser la solución definitiva.

Pero comenzó a producirse una manera de afinar el instrumento —que es la que se utiliza actualmente— de manera tal que los sonidos de todas las teclas contiguas estuvieran a la misma distancia, haciendo que todos los intervalos de medio tono fueran idénticos (la **octava** se divide en doce intervalos logarítmicamente iguales). Esto se denomina "temperamento igual".

A Bach le encantó este sistema, pues permite modular de cualquier tonalidad a cualquier otra sin necesidad de reafinar el teclado. (La verdadera intención del *Clave Bien Temperado* es precisamente tocar una pieza en do e, inmediatamente después, una en do#, luego una en re y así sucesivamente, conteniendo doce piezas en modo mayor, seguidas de doce en modo menor). Para un improvisador como él, virtuoso y creativo, era fascinante poder tocar su teclado sin parar, modulando de un sitio a otro, viajando por todas las tonalidades hasta el infinito ("y más allá", citando a Buzz Lightyear).

Así Bach impulsó de manera definitiva la revolución que ha hecho que la música pudiera progresar hasta lo que conocemos hoy. Aunque tuvo detractores, este sistema terminó imponiéndose en toda la música occidental. Todo lo que escuchamos cuenta con esta distribución de semitonos. Así que es imposible no tocar a la manera de Bach. Sea lo que sea que toques. No es un libro "cristiano", pero ha influenciado en todas las obras que escuchas, sean de Los Beatles o de Justin Bieber.

El 21 de enero de 2011, Anthony Tomassini, crítico de arte altamente reconocido del New York Times, publicó una lista de los diez mejores compositores de todos los tiempos. Después de sus muchas investigaciones, de otras listas, teniendo en cuenta múltiples criterios, puso en primer lugar a nuestro J. S. Bach, seguido de Beethoven y Mozart.

Su influencia está por todas partes, en mi despacho, en mis canciones, en otros compositores, en bandas sonoras... Es la sal, un ingrediente humilde que está en todas partes, aunque no se hable demasiado de él, pero que cuando no está se echa de menos.
Él también tuvo sus influencias, musicales y filosóficas. Cuando falleció, su biblioteca constaba de cincuenta y dos libros sagrados, incluyendo obras de Martín Lutero y el historiador Flavio Josefo.

Cuando lo enterraron y anunciaron su muerte en el periódico local de su ciudad, nadie imaginó que, doscientos años después, su nombre estaría en el puesto número 1 en la lista del New York Times.

500

"¿Por qué ha de tener el diablo la mejor música?". *Martín Lutero*

En 2017 celebramos el 500 aniversario de la Reforma Protestante. Y esto debería interesarte. El ecosistema donde Bach se desarrolló fue el resultado de aquella Reforma.

Fue un movimiento extraordinario de la Iglesia, que volvió a la Escritura para descubrir en ella la inspiración perdida. Martín Lutero tradujo la Biblia del latín al alemán para hacer comprensible la Escritura a todos y acompañó su mensaje con una renovación estética del arte, componiendo canciones como el famoso himno Castillo fuerte, inspirado melódicamente en los himnos que tarareaban los alemanes en sus momentos de ocio, y en sus lugares de ocio (es una manera elegante de decir taberna), pero con un estilo propio y lleno de contenido.

> **NUESTRA HERENCIA ES LA LIBERTAD, LA VERDADERA LIBERTAD**

Esta Reforma afectó no solo al ámbito religioso, sino a la vida entera: la política, las costumbres familiares, la economía (*La ética protestante y el espíritu del capitalismo*, Max Weber), las artes, las ciencias y hasta el propio lenguaje (La Biblia de Lutero fue el catalizador para estandarizar el alemán). Bach vivió en una sociedad profundamente afectada por esta nueva manera de vivir, esta propuesta que no solo le convirtió en un gran compositor, a mi juicio, el más grande de todos, sino en un buen padre y esposo, un buen trabajador. Un artesano.

Y fue todo esto por seguir los principios que la Reforma planteaba, siendo transformado por este retorno a las Escrituras y a las enseñanzas fundamentales sobre la redención y la gracia. Estas enseñanzas fueron condensadas en las cinco solas: *sola scriptura, sola fide, sola gratia, solus Christus, soli Deo Gloria*.

Estas verdades siguen siendo hoy fuente de inspiración para todo artista que quiera beber de ellas; nunca se secan, son divinas y quinientos años después seguimos sintiendo sus efectos y seguimos necesitando artistas, y teólogos artistas, que sepan, en libertad creativa, llevarnos a través de estos principios a crear las reformas necesarias a nuestro hoy y nuestro aquí. Los tiempos cambian, pero la reforma continúa. Este era el lema que heredamos de aquel movimiento, aunque no sabemos bien quién fue el primero en decirlo: *"Ecclesia reformata semper reformanda est secundum verbum Dei"*

La iglesia reformada siempre está en reforma, según la Palabra de Dios. Un equilibro perfecto entre forma y libertad, las dos características necesarias para cualquier objeto artístico.

Las dos caras de la misma moneda, extremos de una línea continua que se tocan. Siempre creando, siempre innovando, según las formas que requiere esa pieza, no para limitarnos, sino para potenciarnos; Palabra y Espíritu, inspiración. Un arte santo, es decir, libre y que ama (su forma, lo que es y no puede dejar de ser, su ontología). Como Dios.

Porque no somos herederos de los dogmas. No son nuestras las tradiciones. No heredamos estructuras anquilosadas que quieren sobrevivir, ni monumentos estáticos que venerar. No. Nuestra herencia es la Libertad.

La verdadera libertad. Y ya van quinientos años desde que se refrescó la propuesta que Jesús traía al mundo desde Oriente Próximo. Clavada en la puerta de una catedral de Alemania, en aquel muro social de la época, en 1517 un indignado Lutero plasmó noventa y cinco *tuits* que desencadenarían un movimiento que terminaría dando forma a la Europa moderna. Y por extensión a todo el mundo.

Lo publicó, echó el pan a las aguas, y las corrientes sociales la llevaron más allá de los océanos. Sí, con luces y sombras, pero conformando los valores sobre los que construimos hoy nuestras sociedades libres.

En la obra de Bach podemos ver esta cosmovisión plasmada en cada uno de sus motivos, de sus cadencias y movimientos. Firme como una roca, pero libre, creativo y conmovedor.

Con el sacerdocio de los creyentes que hacía que cualquier oficio fuera sagrado. Él sabía que trabajaba, que creaba, para la eternidad. Un ejemplo de vida para mí y para muchos. Somos herederos, no de su oficio, podemos crear de múltiples maneras; no de su estilo, seguimos avanzando y redescubriendo la música y las demás artes; pero sí de la misma inspiración que le llevó a ser fiel a su llamado.

Le pasó a Martín, a Juan, a Anna, a Carl Phillip, a Félix Mendelssohn... Ningún arte, acorde o color le pertenece al diablo, ningún don proviene de él. Vienen de Su Espíritu.

Ese Espíritu, que habitaba en tantos y tantos de ellos, es el mismo que está hoy en mí. Y eso me puede capacitar para ser un artesano. Su palabra encarna su inspiración, es la forma de la libertad. Quiero firmar cada una de mis obras artísticas, sociales, sentimentales, vivenciales, o intelectuales, grandes o pequeñas, cada relación llevada a buen puerto, cada herida sanada y perdón ofrecido, de la única manera en que una vida merece ser firmada:

SDG.

E inundar del evangelio de la justicia, la bondad y la belleza, el mundo entero, quinientos años más.

DESCARGA gratis un Bonus de este capítulo en: **www.e625.com/artesano**

VOL. VI

COMUNIDAD CREATIVA

El artista está en su estudio, creando desde su individualidad. Porque es único; solo él ve el mundo de esa manera y quiere compartirlo con los demás, o simplemente quiere hacerse escuchar, o hacerse ver. Sus sentimientos determinan su ritmo creativo. Está solo, y se regodea en su soledad, porque estar en la cima de la creatividad te deja solo... Convive con sus propias musas, o con sus fantasmas, que son caprichosos.

El cuadro que vemos del artista genio es aquel que, incomprendido, desentendido de su contexto y atormentado, usa el arte como catarsis, o exorcismo, reflejando sus miedos, sus sueños, frustraciones... Es todo muy evocador, el mito del llanero solitario que se lanza a la aventura, montado en su caballo artístico, contra viento y marea, con el horizonte como única meta...

El discurso es fácil de comprar, pero no es real.

Porque un llanero solitario es un llanero muerto. Solo existe en las películas, es la excepción a la regla. Solo alguien como Chuck Norris sería capaz de soportarlo.

LLANERO SOLITARIO

En una sociedad tan individualista como la nuestra, resulta atractiva esta imagen donde un artista, un trabajador, un hombre o una mujer "se hacen a sí mismos", construyen su carrera. Pero esta mirada sesgada de la realidad termina jugándonos malas pasadas.

Vivimos en un entorno y nuestro destino viene muy condicionado por el contexto al que pertenecemos. Porque siempre pertenecemos a un contexto, que nos influye, nos alimenta, nos impulsa o limita.

Solemos ver el éxito de una obra y se lo atribuimos a aquel que la firma: una canción extraordinaria o una película con un director de renombre que se lleva todo el mérito, porque ha hecho bien su trabajo. Y esto es verdad, pero no toda la verdad.

No tenemos en cuenta que, en realidad, toda obra artística es el resultado de una comunidad. Pensemos en todos los factores que tienen que darse para que un compositor dé a luz una canción.

En primer lugar, la educación recibida, que no suele depender de él en sus primeros pasos, sino del primer contexto comunitario del que forma parte y es determinante: la familia. Hasta bien entrado en años, su economía depende de la responsabilidad y generosidad de sus padres. También depende de su sabiduría para guiarle. Lo que sus padres o gente adulta a su alrededor le aportan es un regalo inmerecido que marcará quién será en el futuro, como resultado en gran medida de esa comunidad primera. Las oportunidades de desarrollarnos como artistas no suelen estar en nuestras manos al principio.

En segundo lugar, siempre hay un marco de referencia artístico del que se parte: maestros que te enseñan, compañeros que te acompañan, un contexto cultural inmediato del que interiorizas valores y costumbres, otras propuestas, la ciudad donde resides, el país, u otras canciones que están surgiendo y por las que consciente o inconscientemente te ves afectado.

La época en la que vives también te condiciona. No es lo mismo pensar en componer una canción en la Europa del siglo XIII que en México en el siglo XXI; la estética ha cambiado, los discursos, el idioma, los recursos para componer, etc.

La propia inspiración de la canción, por circunstancias que te ocurren con las personas de tu entorno inmediato, son la tierra de la que brota lo que haces. Y muchos otros factores que nos rodean; de nuevo Ortega y Gasset: "Yo soy yo y mis circunstancias".

Y así, te sientas al piano, un instrumento que no has fabricado tú y que también es un objeto cultural sin el cual no podrías hacer nada; y con un papel y un bolígrafo, otros objetos culturales; o un ordenador, otro objeto, de una marca determinada que has comprado porque tus amigos dicen que es lo mejor para trabajar...y te pones a componer. Y terminas la canción.

¿De quién es la obra? ¿Quién la ha hecho? Si eres un cristiano que piensa que el artista lo único que hace es ser un tubo por el que Dios lo hace todo sin que tú "pintes" nada, dirás que la canción te la ha dado Dios. (Eso es una excusa extraordinaria si lo que has hecho es malísimo, con falta de creatividad, irrelevante y sin demasiado criterio; nadie se atreve a decir nada malo de algo que "te ha dado Dios").

Si no es tu caso, dirás que la canción es tuya. Y eso es verdad, pero no toda la verdad. Porque es el resultado "final" de un proceso del cual muchas otras personas han formado parte sin saber. Es un "producto" de largos años de formación donde muchos te han influenciado. Es una expresión, no solamente tuya, sino también de tu comunidad. La comunidad creativa.

Si no somos conscientes de esta realidad, y alimentamos nuestros "egos" y nuestro individualismo, abandonamos al artista a su suerte, dándole todo el mérito, convirtiéndole en un héroe, sí, pero que puede tener un final trágico, como muchos de los héroes griegos tuvieron. Y es que las épocas más fértiles, en lo que al arte se refiere, se han dado cuando comunidades artísticas han fomentado la creatividad de unos y de otros, y han sido soporte para aquellos que sobresalían porque formaban parte de comunidades saludables.

En España hay un fenómeno curioso que se ha dado en los últimos años. En todo el mundo se han puesto de moda los "Talent Shows" de muchos tipos. Aquí los que tienen que ver con música tienen mucho éxito.

UNA COMUNIDAD SALUDABLE GENERA CREATIVIDAD

Los cristianos evangélicos aún no representamos ni un 1% de la población (según los misiólogos, mi país sería "una etnia no alcanzada"), estamos entre el 0,4% y 0,7%. A pesar de ello, siempre o casi siempre tenemos representación de cantantes en esos programas; algunos cristianos lo han ganado o han llegado a la final, otros han formado parte del programa durante un tiempo. En cualquier caso, nos hemos hecho sonar en ese contexto. Y eso no es fruto del azar.

Una comunidad saludable genera creatividad, arte. En cuanto a la música y la interpretación, nuestras iglesias están inundadas. Hay una cultura que ha promovido en los últimos años la educación musical en muchos de nuestros niños y jóvenes y, al final, surgen estas expresiones de las comunidades que lo fomentan.

No quiero "exitismos", pero me llama poderosamente la atención este fenómeno: que de una etnia no alcanzada surjan, en sus programas de música, cristianos dando testimonio de su fe, como si fuéramos un porcentaje mucho mayor de la población. Me pregunto, ¿qué podríamos conseguir si siguiésemos por este camino en las otras expresiones artísticas, y también laborales, científicas y sociales?

La Iglesia es una increíble comunidad creativa que ha generado a lo largo de la historia hombres y mujeres que, con el impulso necesario, el contexto saludable y la oportunidad adecuada, transformaron e influenciaron con sus distintas expresiones a países enteros. El potencial que la Iglesia tiene como comunidad creativa es infinito, o más: es eterno.

Dejemos de vernos como llaneros solitarios. Hasta Chuck Norris se ha dado cuenta de esto, y ahora sigue a Jesús junto a su familia, en comunidad. No es hora de que la gente salga de la Iglesia, abandonada a su suerte, sino de que sea la Iglesia la que salga hacia afuera.

EL GREMIO: DIOS ES COMUNIDAD

"Entonces dijo Dios: Hagamos...". Génesis 1:26

En su taller en Florencia, sus jóvenes discípulos estaban pintando simultáneamente varios rostros y figuras. Andrea, el maestro artesano, observaba sus creaciones. Se acercó a Sandro, de apodo Botticelli (el botijo), un joven que estaba mezclando algunas pinturas intentando conseguir un color concreto mientras musitaba que quería pintar algún día una Venus inolvidable. En ese momento, se estaba preparando para terminar un cuadro junto a otros discípulos de Andrea. *El bautismo de Cristo* era un óleo que estaba quedando extraordinario.

En él se nos muestra a Juan Bautista bautizando en el Jordán a Jesús, y en el lado inferior izquierdo, dos ángeles que contemplaban la escena. La mayor parte de la obra estaba terminada. Andrea Verrochio, el gran maestro, había dirigido la obra y pintado casi todo el cuadro y comenzó a observarlo mientras Sandro Botticelli se puso a comentar algunos detalles del paisaje.

Mientras hablaban entre ellos, y Verrochio jugaba con sus pinceles en la mano como tenía por costumbre, otro joven seguía de rodillas en el lado izquierdo del cuadro pintando el ángel que observaba a Jesús. Le habían encargado hacer el rostro de uno de los ángeles para que "co-laborase" en la obra de su maestro. Estaba aprendiendo y lo hacía con mucho esmero. Cuando este aprendiz estaba por terminar, interrumpió la conversación de Botticelli y Verrochio y dijo: "Maestro, mire, espero que encaje dentro de la composición que usted imaginaba cuando dijo: 'hagamos este cuadro'". Cuando Verrochio contempló el rostro de aquel ángel, vio que era incluso más divino y perfecto, con más color y viveza que el que él había pintado del propio Jesús.

Al ver la genialidad de su alumno rompió los pinceles que tenía en sus manos y les dijo que jamás volvería a pintar. Fue una manera extraña de felicitar a su discípulo.

Este joven que sorprendió a su maestro se llamaba Leonardo, un aprendiz que había venido de un pequeño pueblo cercano, la localidad de Vinci.

Hasta hace unos doscientos años, el concepto de artista individual e individualista no estaba en boga. Eran artesanos y se organizaban en gremios. Eran un colectivo creativo y la gran mayoría de las obras del Renacimiento tienen carácter comunitario. El taller de Verrochio es un ejemplo extraordinario de esto. Es increíble ver cuánto afectó este pequeño local al mundo entero. No solo a los discípulos directos de Verrochio, sino más allá, a otros como Miguel Angel quien, influenciado fuertemente por este movimiento, inundó Roma con su arte.

La comunidad creativa, el gremio, fue creado en las ciudades de la Edad Media. De inspiración religiosa, aglutinaba a aprendices, oficiales y maestros con oficios comunes, normalmente de artesanos, para colaborar en la producción de obras, servicios para la ciudad, y para apoyarse mutuamente y continuar con el legado de la profesión.

Esto potenciaba el descubrimiento de nuevos talentos y era la tierra fértil donde desarrollar propuestas que respondiesen a las necesidades estéticas, o de cualquier tipo, de la ciudad donde estaba ubicada. Además, sus integrantes eran artesanos, no artistas en el sentido moderno. Solían ejercer sus dones en respuesta a trabajos por encargo, y el oficio se veía como una vocación de servicio a los demás más que como una manera de realización personal.

Pero ya en la Escritura vemos muchas de estas comunidades creativas en funcionamiento. En el Antiguo Testamento, los levitas músicos eran básicamente un gremio al servicio del templo. Fruto de su labor son muchos de los salmos, atribuidos a Asaf, o los hijos de Coré (que serían como una especie de "The Corrs" de la época), Hemán, Etán... y otros nombres de gente que no conocemos, pero que formaron parte de aquellas comunidades creativas cuyas canciones han sido traducidas a más lenguas que ninguna otra poesía en el mundo.

Las escuelas de profetas también exhiben esta realidad. Una lectura superficial de la Biblia puede dar la impresión de que los profetas eran fundamentalmente gente solitaria e incomprendida. Pero muchos de ellos fundaron escuelas, pues enseñaban a sus discípulos su manera de interpretar a Dios y las circunstancias. Detrás de algunos libros proféticos se esconde no uno, sino un gremio de profetas con un sentir compartido, que durante décadas profetizaron hacia una misma dirección. Un ejemplo de ello es el libro de Isaías, que fue escrito por él, por sus discípulos y por aquellos que siguieron su legado.

Y por supuesto, en el Nuevo Testamento, el artista de artistas invirtió la mayor parte de su tiempo en crear una comunidad creativa. Fundamentalmente con los doce, un gremio de gente, no altamente cualificada, pero que eran aprendices que supieron crecer a base de ensayo y error. Convivían con Él, le imitaban, le preguntaban e incluso formaban parte de sus obras: participaron

36 - Juan 14:12

activamente en la multiplicación de los panes y los peces y compartían la buena noticia de Jesús.

Además de estos doce, contaba con el grupo ampliado de los setenta y con aquellas mujeres que le siguieron hasta el final, quienes, mientras los demás huían, fueron las únicas que se quedaron con Él durante su obra maestra en la cruz y las primeras en verle resucitado.

Jesús sabía que su gran obra maestra no era solo lo que Él iba a poder hacer, sino que también lo era el poder compartir su misión con aquellos que confiasen en Él para que hicieran *"obras todavía mayores"*. [36] Viniendo del mismo Dios, suena muy osado. Pero eso pretendía.

Y así formó la Iglesia: el cuerpo de Cristo, el gremio de Jesús, con aprendices practicando en el taller con su Maestro.

La luz del mundo ahora somos nosotros, no yo, ni tú, nosotros. Somos esa comunidad soñada por Jesús que, desde lo local, puede influenciarlo y cambiarlo todo. Un rostro a la vez.

Pero si de verdad queremos volver al germen de esta idea de comunidad creativa, debemos pensar en Dios, origen de todo. En Génesis 1 dice: "Hagamos". Un plural muy significativo. Lo primero que Dios quiere que sepamos de Él es que es creador. Pero es un creador que no dice "haga yo", sino "hagamos". En el inicio de la Revelación de Dios, nos encontramos con la increíble verdad de que Dios es un Dios en comunidad. Un Dios que es amor y, por lo tanto, eternamente relacional.

El misterio de la Trinidad se nos presenta desde el primer capítulo de la Escritura: Dios es Uno, pero es un Dios en comunidad. C. S Lewis nos sale al paso y nos habla de esa danza eterna del Padre, el Hijo y el Espíritu Santo, donde se dan gloria unos a otros, y a la que ahora nos invita(n) a formar parte.

Dios nunca estuvo solo. No es un artista solitario en su taller que nos crea para llenar su necesidad de amigos y terminar con su hastío. Dios es comunidad creativa y creadora, eso es lo que vemos claramente en el principio de todo. Y nosotros, hechos a su imagen y semejanza, también somos comunidad creativa.

La primera comunidad que se creó fue el matrimonio. Fue el primer gremio de la historia. Dios nos hizo de tal forma que solo pudiésemos crear en comunidad, que desde la relación de amor de pareja pudiésemos dar vida a otros. Dar a luz nuevas creaciones. No yo, ni tú.

Nosotros.

Porque el resultado de una comunidad creativa, donde el amor es la esencia, es la creatividad.

El Maestro nos invita a seguir pintando rostros en su cuadro. Él nos enseña con paciencia, estamos en su gremio, formamos parte de algo más grande que nosotros, y Jesús sigue con la expectativa de que sus aprendices hagan "mayores obras". Espero que podamos pintar muchos más "bautismos".

DON "DONES"

Hay una gran cantidad de tests para descubrir tus dones. Desde los que aparecen en algunas listas del Nuevo Testamento, pasando por algunos dones inventados, talentos, tests de personalidad junto con competencias, rasgos, tendencias, actitudes y aptitudes, y un largo etc.

> **MIL VECES MÁS IMPORTANTE QUE DESCUBRIR TUS DONES, ES DESCUBRIR QUE TÚ ERES UN DON**

Es importante saber cuáles son tus capacidades, en qué eres bueno y productivo. Descubrir tu pasión creativa, o aquellas cosas que para otros suponen una montaña difícil de superar y que para ti son tan naturales como respirar. Eso es un don.

Pero mil veces más importante que descubrir tus dones, es descubrir que tú eres un don. Solo así podremos darnos a los demás y descubrir al artesano que llevamos dentro, sea cual sea nuestra faceta artística, técnica o científica.

De la misma manera que Jesús es un regalo de Dios para el mundo, debo tomar conciencia de que yo soy un regalo de Dios para los demás. Recibimos de gracia, damos de gracia.

Nuestra vida debería estar enfocada en otros, solo así cobra todo sentido. También como comunidad creativa, como Iglesia. Deberíamos, en comunidad, estar enfocados en los demás.

Mi vida no es para mí, sino para el mundo. Soy un regalo de Dios para otros. Entonces cada uno de mis actos puede colocarse en el lugar adecuado, así como mis dones, mis habilidades y aptitudes. Cuando digo "mis", podemos incurrir en el error de usarlo como posesivo, como si fueran nuestros. No, desde este prisma no son míos, solo me han sido dados. Todos sabemos que los dones son un regalo, inmerecido, como la vida, que nos fue dada.

Nadie pidió nacer.

Nos regalaron el ser, sin haber hecho nada. En nuestra esencia como seres humanos está el don, como existencia, con lo que somos. Por lo tanto, seamos también un don en nuestras conductas. Que lo que hacemos refleje lo que somos. ¿Qué podemos entonces exigir? ¿Cuándo podemos decir con propiedad: "esto es mío"? Somos, en esencia, gracia. Somos regalo de Dios y todo lo que tenemos también, incluso nuestros dones y talentos.

No son míos, son de Dios, y no son para mí.
Hemos caído en la trampa de la realización individual, pensando que los dones son un equipamiento que nos vienen incluidos para autorealizarnos. Un regalo de Dios, sí, pero para nuestro beneficio. Y eso distorsiona la esencia de los dones.

Lo repito, ni son nuestros, ni son para nosotros. Son de Dios, son para los demás y solo así podemos tener un enfoque sano de nuestro arte, un arte inspirado por Dios, pero que se enfoca hacia algo más allá de nosotros.

La parábola de los talentos, que forma parte de nuestra imaginería cultural, nos recuerda el peligro de dejar enterrado lo que tenemos, como si fuera de nuestra propiedad, y lo único que se nos exigiese fuera mantenerlo. No, se nos pide invertirlo, compartirlo, multiplicarlo. Y la única manera de hacerlo es sirviendo a los demás.

Porque servir a Dios con mis dones es imposible. Entiéndeme bien: Dios no necesita nada de mí. Ni ropa, ni comida, ni mi música, ni mis cuadros, ni agua, ni ser visitado o consolado, ni mis ideas creativas, ni mis soluciones a los problemas. Él no necesita nada de eso, Él es más que autosuficiente. La única manera de servir a Dios con mis dones es sirviendo a los demás.

"Y los justos me preguntarán: 'Señor, ¿cuándo te vimos con hambre y te alimentamos, o sediento y te dimos de beber? ¿Cuándo te vimos forastero y te alojamos en casa, o desnudo y te vestimos? ¿Y cuándo te vimos enfermo o en prisión y te visitamos?'. Yo, el Rey, les responderé: 'Todo lo que hicieron a mis hermanos necesitados a mí me lo hicieron'".[37]

Según este texto, vivir enfocados en los demás es vivir enfocados en Dios. Vivir sirviendo a los demás, es servir a Dios. Y es pregunta de examen final. Cuando un profesor me dice "esto va para examen", tomo nota cuidadosamente. Y este es uno de estos discursos que me recuerdan cuál debe ser el enfoque de mi vida, incluyendo mi arte, mis dones y talentos. Ni son míos, ni son para mí. Asimilar esta verdad es más importante que hacer un test.

---

37 - Mateo 25:37-40

Todo es gracia.

Si la vida es regalo, regalémonos a otros. Como Jesús.

JUAN 13.35: LA APOLOGÉTICA FINAL

"Si se aman unos a otros, todos se darán cuenta que son mis discípulos". Juan 13:35

¿Cómo nos identifica el mundo como parte de la comunidad creativa? Demasiadas veces a través de cosas externas y de poca importancia. Otras veces por nuestros discursos solamente, o por nuestro moralismo. Jesús, en este versículo, dentro del marco de sus palabras en la última cena, nos recuerda el modo en que todos sabrán que somos sus discípulos. Esta será la marca de nuestro gremio, lo que determinará la calidad de nuestras relaciones dentro de la comunidad creativa. El aire que respiramos sin el cual sería imposible ser nosotros.

En un mundo donde el mero discurso ya no convence a nadie, necesitamos argumentos de peso para que la gente sepa, conozca, que somos sus discípulos, sus aprendices. Francis Schaeffer nos recuerda que el amor es la apologética (del griego: defensa, defensa de la fe, argumentos racionales para defender una creencia) final. El argumento final y definitivo que mostrará a todos que somos seguidores de la verdad no será un argumento discursivo, sino una fe viva y vivida en comunidad.

La Iglesia es hoy el argumento de Dios, la respuesta frente al dolor y la injusticia. Porque el problema de la humanidad no es meramente intelectual. En demasiadas ocasiones, como cristianos nos limitamos a presentar argumentos racionales, que tienen su lugar, pero la verdad que presenta la Biblia no es solo un discurso verdadero, es una persona verdadera (Juan 17:3). Olvidamos que el sufrimiento requiere una explicación, pero el que sufre necesita consuelo, no buenos argumentos.

Jesús es una verdad encarnada, una verdad que ama. Lleno de gracia y de verdad, y quizá en ese orden.

No menosprecio el discurso, la proclamación, pero no podemos olvidar que comunicamos de muchas otras maneras y que, sin el amor, somos mero ruido. Sin amor, predicar es hacer ruido.

"Si yo tengo el don de hablar en lenguas humanas o angélicas y no tengo amor, soy como un metal que resuena o un platillo que hace ruido". [38]

La vida en comunidad, al estilo de Jesús, es necesaria para la proclamación y para ser luz. El amor de los unos a los otros es el ecosistema idóneo para desarrollar nuestros dones. No hay otra razón lícita para hacer uso de nuestros dones y talentos que el amor a Dios y al prójimo.

¿Qué clase de amor es el que presenta Jesús? El amor que caracteriza una comunidad creativa saludable es en primer lugar incondicional. No nos amamos por nuestros éxitos o fracasos, sino por la sencilla razón de que somos amados primero por Dios. El amor y la aceptación incondicional están en el epicentro del mensaje de la gracia, de las enseñanzas de Jesús, de un padre que abraza sin contar los errores.

Y los artistas necesitan este espacio. La creatividad necesita un espacio de amor incondicional para manifestar todo su potencial. Lo contrario del amor es el temor, nos lo dice Juan en su primera carta. El temor, el miedo, sobre todo a ser juzgados, es una de las mayores lacras que como Iglesia hemos sufrido. En lugar de ofrecer un lugar seguro donde ser nosotros mismos en Cristo y experimentar el amor transformador de Dios en comunidad, cortamos las alas de aquellos que no se ajustan a nuestras expectativas. A veces confundimos la prudencia con el miedo. El miedo es paralizador de la creatividad, el amor la provoca.

Solo tienes que observar a un enamorado: de repente se convierte en alguien más expresivo, creativo y comunicativo, al menos con su amada, si consigue superar la vergüenza. O un niño, cuando se encuentra en un espacio seguro, donde se sabe amado, es expresivo y auténtico, si no, se retrae y va con cautela, incluso asustado, inseguro.

Una comunidad creativa, enamorada, se convertirá en una Iglesia más expresiva, creativa y comunicativa.

El *brainstorming* o tormenta de ideas es una herramienta que se utiliza para desarrollar la creatividad en el trabajo en equipo. Consiste en permitir la expresividad de todos los miembros del equipo, sin juzgarlos, sin que haya malas o buenas ideas, solo propuestas. Allí está prohibido coartar las ideas de otros, y simplemente fluyen las propuestas de todos, y van sumándose hasta que, finalmente, después de una reflexión y selección, se elige el camino a tomar.

---

38 - 1 Corintios 13:1

Se puede usar para elegir el nombre de una campaña o para generar nuevas ideas innovadoras de cualquier tipo, ya sea un nuevo producto o una iniciativa social. El secreto de este método es "suspender el juicio", es decir, en la primera etapa se elimina toda crítica, y simplemente se proponen ideas. Así se da la oportunidad de pensar libremente, sin temor. Y eso genera una participación mayor en el equipo y una cantidad ingente de buenas propuestas. Posteriormente, unas ideas se complementan con otras, o la frase que alguien ha dicho inspira a otro para hacer otra propuesta que no había pensado antes. Se genera un efecto multiplicador que no se hubiera dado si desde un primer momento alguien hubiera dicho: "Eso no me parece buena idea". Quizá hubiésemos perdido la oportunidad de que esa ocurrencia pudiera derivar en otras que finalmente se llevaran a cabo.

Esta dinámica es una parábola extraordinaria de lo que creo debe ser la Iglesia: un espacio donde no nos juzgamos ("no juzguen..."), donde la creatividad no se coarta sino que se promueve, donde todos y cada uno de nosotros, aunque con propuestas y vidas que a veces no son las mejores o no son las de siempre, nos expresamos como somos, y juntos llegamos a ideas que han sido generadas no por un individuo sino por el grupo que ha trabajado conjuntamente, generando sinergia, un efecto multiplicador.

Jesús sabía que solo ese amor incondicional podía transformar vidas, y que ese sería el modo de diferenciarnos de otros colectivos. El amor es el fruto del espíritu, e implica no solo madurez intelectual. Saber "bien" la doctrina es un énfasis que hemos hecho en nuestras iglesias, pero sin tratar con nuestro carácter, es decir, con nuestra capacidad de amar y de dar gracia.

El amor tiene un componente profundo de inteligencia emocional, y como nos propone el periodista y divulgador Daniel Goleman, es una inteligencia más importante que la meramente teórica e intelectual. En las grandes compañías, y en las pequeñas, al igual que en cualquier tipo de organización que agrupe personas, los grandes problemas no surgen por falta de C.I. (coeficiente intelectual) en sus miembros, sino por falta de amor, es decir, de inteligencia emocional, de aceptación incondicional, echando fuera el temor.

Finalmente, también existe un factor espiritual en todo esto. Un amor que trasciende más allá de nosotros, que viene de Dios, que nos hace "hijos amados". Solo así podemos amarnos los unos a los otros, sin temor, con la seguridad de estar llenos de Él, para darnos a otros, sin recelos, ni envidias (que denotan inseguridad y miedo), y que encierran la creatividad dentro de nosotros mismos, para nunca ver la luz.

La comunidad creativa sabe que el amor incondicional de uno a otros es la argamasa necesaria para construir la obra de arte de Dios. Solo a través del amor, nuestros dones, nuestros talentos, nuestro arte, nuestra investigación científica e incluso nuestros estudios teológicos, cobran valor y sentido.

EKKLESIA: DE ARTE PARA LA IGLESIA A ARTE DESDE LA IGLESIA

"La cultura no cambia simplemente pensando" Andy Crouch

Por primera vez en lo que llevamos de libro, el título del capítulo no es sugerente, el título es lo que quiero decir. Quiero que quede claro. Necesitamos una comunidad creativa que salga, que recupere la esencia de su misión. Que seamos *ekklesia* (del griego: los llamados afuera de).

En los evangelios, la palabra "iglesia" solo aparece en dos ocasiones, ambas en el evangelio de Mateo. En una ocasión, para tratar de restaurar a alguien, en el contexto del perdón del capítulo 18 de Mateo. Allí Jesús la pronuncia dos veces dentro del mismo discurso (un discurso, por cierto, que hemos interpretado solamente desde el lado de la disciplina, obviando el contexto de todo el capítulo que tiene que ver con el perdón y la restauración).

El otro lugar donde aparece es el famoso Mateo 16:18:

"Tú eres Pedro, y sobre esta roca edificaré mi iglesia, y los poderes del infierno no prevalecerán contra ella".

Después de la confesión de Pedro: *"Tú eres el Cristo, el Mesías, el Hijo del Dios viviente"*[39] (que Dios Padre le había chivado), Jesús hizo esta contundente declaración. Él iba a edificar la Iglesia sobre esta tremenda verdad, la verdad de que Dios se había encarnado y venía como enviado a salvar el mundo.

Y le dio a la Iglesia una característica fundamental. La única vez que Jesús habla explícitamente de las características de la Iglesia quiere que recordemos que las puertas del reino de la muerte no prevalecerán contra ella.

No nos habla de su estructura interna, ni de la forma de los edificios, ni de la necesidad de un púlpito, ni de los programas. No. Dice hacia dónde está orientada. Su enfoque, su visión. Nos plantea un cuadro evocador. Un lugar peligroso, las puertas del reino de la muerte, el Hades, un concepto extraído de la mitología griega que representaba el "país de los muertos", un lugar tenebroso del que era imposible volver. Pues bien, es en las puertas de ese lugar a donde Jesús nos envía, asegurándonos que seremos capaces de derribar esas puertas. Todo muy épico. El momento lo merece.

---

39 - Mateo 16:16

Como un ejército frente a un castillo, un bastión inexpugnable, y entonces la Iglesia, que está a la ofensiva, intenta traspasar la puerta reforzada con un ariete, golpeándola constantemente mientras llueven las flechas hasta que consigue romper los quicios de la puerta, es decir, desquicia la puerta del reino de la muerte.

Esa es la narrativa que Jesús quiere que nos inspire para vivir como Iglesia. La metáfora que quiere que experimentemos como comunidad.

Hoy en día, a veces lo planteamos al revés. Al parecer, somos nosotros los de adentro del castillo, mientras nos atacan desde fuera, desde un mundo malvado. Así que lo mejor que podemos hacer es quedarnos adentro, defendernos como podamos e intentar construir los muros más altos y reforzar la seguridad. No salir nunca ahí afuera, porque sería peligroso.

JRR Tolkien, el autor de *El Señor de los anillos* y seguidor de Jesús, plasmó esta imagen de manera muy gráfica en el libro *El retorno del rey* cuando, después de la batalla final (que llevó al cine magistralmente el cineasta Peter Jackson y que es para mí la mejor batalla de la historia rodada en el cine, merecedora de once premios Oscar), el rey Aragorn decide no quedarse en la ciudad e ir a las puertas de Mordor, la puerta que da entrada a un país terrorífico que representa la muerte. Allí va con un puñado de valientes, porque sabe que es el lugar donde debe estar, mientras Frodo, el protagonista de la historia, destruye el anillo Único (un símbolo muy gráfico del pecado: crees que te da poder, pero en realidad te posee cada vez más) en el monte del Destino. Cuando el anillo es destruido, el reino de Mordor se desploma y el ejército de Aragorn vence.

¡Ekklesia! Somos nosotros los llamados afuera, los que no podemos quedarnos en casa mientras la misión no haya terminado. Nuestro lugar, mientras no se acabe la película, es frente a aquellas puertas.

Demasiado tiempo nuestro arte y nuestra expresión como comunidad creativa se ha limitado a crear, "de puertas para adentro", arte y propuestas de autoconsumo, donde no tenemos en mente a los que todavía no forman parte de la Iglesia.

La industria cristiana ha usado el arte en base a estructuras que ya existían, en lugar de favorecer la extensión del Reino de Dios, que hemos dejado que realicen los misioneros con su sudor, su sangre y sus lágrimas.

Hacemos, en definitiva, arte para la Iglesia. Eso no es malo necesariamente. Pero si nuestro enfoque mayoritariamente está en esa dirección, no estamos siendo fieles a la vocación que como Iglesia tenemos. La Iglesia no es para sí, decía Dietrich Bonhoeffer, sino para el mundo. Toda una verdad revolucionaria que hoy más que nunca debemos recordar en las artes. Con frecuencia abandonamos a nuestros artistas y a creativos de cualquier campo a su suerte, "se van de la Iglesia". Quizá porque no los entendemos, porque su llamado profético, de ver aquello que nosotros no vemos, nos incomoda, porque el corazón creativo que Dios les ha dado les impulsa a ir a la vanguardia. Y en lugar de verlo como un don de Dios para la comunidad y para ayudarla a avanzar, lo interpretamos como una amenaza. Lo novedoso es sospechoso.

Y preferimos quedarnos "adentro", no arriesgar. De nuevo, confundimos prudencia con miedo. Y se van porque no encuentran en su contexto la narrativa para la cual fueron creados.

¿Y si los enviásemos? ¿Y si la Iglesia saliera con ellos? El arte para la Iglesia es extraordinario, el arte que podemos hacer desde la Iglesia para el mundo puede ser revolucionario.

Como comunidad creativa, démosles espacio para experimentar, seamos un taller donde se puedan equivocar y hacer propuestas novedosas, profundas, reflexionadas y arriesgadas. Que ya nadie se vaya de la Iglesia, sino que la Iglesia vaya. Porque el mundo no es el enemigo al que debemos destruir. El mundo, las personas que lo conforman, es nuestro campo de misión. Nuestro enemigo es la muerte. Que la Ekklesia, la Iglesia, haga honor a su nombre.

"¡Seguid en posición! ¡Hacedles frente! Hijos de Gondor y de Rohan, ¡mis hermanos! Veo en vuestros ojos el mismo miedo que encogería mi propio corazón. Pudiera llegar el día en que el valor de los hombres decayera, en que olvidáramos a nuestros compañeros y se rompieran los lazos de nuestra comunidad.
Pero hoy no es ese día.
En que una horda de lobos y escudos rotos rubricaran la consumación de la edad de los hombres. ¡Pero hoy no es ese día!
¡En este día, lucharemos! Por todo aquello que vuestro corazón ama de esta buena tierra, os llamo a luchar, ¡hombres del oeste!".

(Aragorn, hijo de Arathorn, heredero de Isildur, rey de Gondor, frente a las puertas de Mordor). [40]

POCOS OBREROS

"Al ver a las multitudes, tuvo compasión de ellas, porque estaban agobiadas y

---

40 - Tomado de la versión cinematográfica de "El Señor de los Anillos: El Retorno del Rey".

desamparadas, como ovejas sin pastor. 'La cosecha es abundante, pero son pocos los obreros —les dijo a sus discípulos—. Pídanle, por tanto, al Señor de la cosecha que envíe obreros a su campo'". Mateo 9:36-38 NVI

El problema no es la falta de cosecha, ni de mies, ni de campo. El problema es la falta de obreros. "Las multitudes" suponen un reto enorme. La cantidad de necesidades a las que Jesús nos llama como comunidad creativa nos desbordan, hay demasiado trabajo. Por muchos seminarios que llenemos de estudiantes, parece que nunca es suficiente.

Jesús, al ver la realidad humana, nuestras contradicciones e injusticias, tiene una reacción divina, tiene compasión. Su motor, que también debería ser el nuestro.

"Agobiadas y desamparadas" como ovejas sin pastor, dispersas... Es una descripción del mundo de hoy. Estamos dispersos, con cantidad de recursos para mantenernos conectados, pero que en realidad nos desconectan de lo real y lo cercano, que es lo único que nutre el alma. Enfermos, no solo físicamente, sino sobre todo con enfermedades mentales cada vez con más incidencia en la población, "agobiadas", con ansiedad, por culpa del trabajo o la falta de éste, situaciones familiares difíciles y soluciones que no solucionan, pastillas que posponen los problemas y los convierten en crónicos. Con sistemas de pensamiento y estructuras de vida que nos están enfermando. Ovejas perdidas.

La cosecha es abundante, hay mucho por hacer, en muchas áreas. Y no podemos tener una mente estrecha.

Este texto siempre lo interpretamos desde el punto de vista de que faltan predicadores, o misioneros transculturales, y no vemos la totalidad del cuadro. Habla de obreros, no pastores solamente. En los versículos siguientes vemos que Jesús envía a los doce, su comunidad creativa, a anunciar que "el Reino de Dios se ha acercado", y comienzan a hacer fundamentalmente justicia social: sanar enfermos, limpiar leprosos, resucitar muertos, echar fuera demonios.

Es una buena lista de *things to do*.

Como comunidad creativa de Jesús, debemos procurar traer el Reino de Dios a las diferentes esferas a las que hemos sido llamados, ekklesia, a esos campos a los que debemos ser enviados. Recordando que su reino es "...*justicia, paz y alegría en el Espíritu Santo*".[41]

---

41 - Romanos 14:17 NVI

¿Quiénes pueden ser enviados en el nombre de Jesús? ¿Por qué clase de obreros debemos pedir? Obreros de justicia, trabajadores sociales, políticos, agentes de seguridad, abogadas y jueces, periodistas, cuidadores... te lo pido Señor, envíalos. Obreros de paz, de Shalom, tanto interna como externa, que curen la sociedad y el alma, psicólogos y antropólogas, comerciantes, filósofas y médicos, padres, enfermeros, profesoras y educadores, terapeutas ocupacionales, empresarias y emprendedores, ingenieros de todo tipo y científicos... te lo pido Señor, envíalos.

Obreros de alegría, artistas y arquitectos, músicos y humoristas, fotógrafas, diseñadores y guionistas, actores, poetas, *youtubers* e *instagramers*... te lo pido Señor, envíalos.

"Pídanle". Es hora de que en nuestra comunidad creativa no solamente enviemos a los predicadores o similares a la misión. Debemos visibilizar el potencial de todos los obreros que tenemos, para que los enviemos con tanta solemnidad como cuando oramos por un misionero que se va a Tombuctú. "Su campo": todas las áreas de la vida, toda profesión, o esfera social, son "Su campo". Él ya nos está esperando allí, a nosotros, su comunidad creativa, los obreros, para recoger la cosecha.

¿Quién irá?

INSPIRACIÓN

"El viento sopla de donde quiere, y oyes su sonido, pero no sabes de dónde viene ni a dónde va. Así es todo aquel que nace del Espíritu". Juan 3:8 RVR95

Los griegos lo intuían: la inspiración viene de algún lugar, no la tengo yo, viene de fuera de mí, aunque de alguna manera yo sí la pueda administrar.

Eran muy dados a personificar, así que las musas fueron su inspiración. Caprichosas, iban y venían. Cada una de ellas era especialista en un área artística. Durante un período de tiempo hubo hasta nueve de ellas. Se podían confundir con las ninfas, las divinidades de las fuentes, de las que bebías, de donde surgía la vida. Las musas eran la fuente de inspiración, de donde venía tu energía creadora y debías tener cuidado de no enamorarte de ellas, se convertían en amas peligrosas. Te obsesionaban. Podías volverte loco si convertías el arte en un dios.

La inspiración... lo que inspiras, aire, que entra en ti y te da vida. Desde el primer momento que venimos a este mundo lloramos, y comenzamos a respirar, a inspirar, es decir, a vivir y experimentar. Dependemos de algo externo a nosotros en todo momento, y en simbiosis con Él, con ese algo invisible que no podemos tomar con nuestras manos, vivimos. Cuando morimos, expiramos. La inspiración se va.

El aire es una metáfora casi perfecta de lo que el Espíritu es. De hecho, para los traductores de la Biblia es difícil decidir qué escribir cuando aparece la palabra Espíritu en griego (*pneuma:* de donde viene neumático), porque también significa aire.

La comunidad creativa necesita respirar. Necesita el Espíritu. Y cuando Dios inspira, algo se crea, siempre, porque Él es Creador. Es imposible que el Espíritu del creador esté en nosotros y no seamos una comunidad creativa.

NO HAY NADA MÁS ESTÁNDAR QUE EL PECADO

Hasta en el Big Bang de la iglesia, Hechos 2, podemos ver un nuevo Génesis, una nueva creación: una comunidad creativa desde el inicio, siendo inspirada para hacer comprensible a todas las lenguas y culturas allí representadas el mensaje de Dios. Un mismo Espíritu y muchas lenguas. Respiramos el mismo aire, hablamos diferente. Pero la materia prima es la misma.

Y lo necesitamos. Sin el Espíritu Santo, la misión no es difícil, es imposible. "Santo" es una palabra rara. Espíritu Santo, aire Santo.

No hay nada como una bocanada de aire fresco y limpio, no hay nada más energizarte que el aire puro. Hemos nacido para respirar ese aire, solo así podemos expresar todo nuestro potencial. Sin Él, estamos muertos. Y no podemos crear nada. Respirar aires nocivos trae consecuencias terribles para la salud. Debemos ser sabios y decidir qué aire respiramos, qué permitimos que entre en nuestros pulmones y en nuestra sangre.

Jesús nos dijo que nos dejaría, pero que Él vendría: ese viento que estaría no solo a nuestro lado, sino EN nosotros. Su Espíritu, Su inspiración. El mismo aire, pero que ya no solo hablaría a través de Jesús, sino de nosotros. Pasaría por nuestras cuerdas vocales, y por mi manera de ser y pensar. El Espíritu Santo tendría mi acento. Es un milagro, un misterio, es invisible, pero se manifiesta a través de palabras. Porque sin aire no podemos hablar, no podemos pronunciar palabras. Por eso la Palabra es la espada del Espíritu...[42]

No hay nada más estándar que el pecado. El pecado lo estandariza todo, es previsible, demasiado previsible

---

42 - Efesios 6:17

Lo increíblemente creativo es la Santidad, la manera de hacer de Jesús. Lo rompedor, en un mundo que se destruye, es restaurar, sanar, apartar a la gente para algo más que ser destruidos, santificar. Luchar contra el pecado es uno de los ejercicios más creativos que podemos realizar. Porque el pecado no tiene nada de creativo, es anticreativo, es la anticreación. Es, en definitiva, para los filósofos de la sala: no-ser.

Permíteme esta locura, solo por hacerte pensar: sin duda, el Espíritu Santo es más necesario hoy fuera de nuestros locales que adentro. Lo necesitamos en la universidad, en los colegios, en las plazas y en las calles, en los negocios y en los bares. La luz es más necesaria en las tinieblas. Nosotros somos la luz del mundo. Pero no la energía.

Y, sin energía, no hay luz.
Sin respirar, no hay humanidad. Sin el Espíritu no hay Iglesia, no hay comunidad creativa.

Antes de crear, un artista se inspira, o es inspirado, según se mire. Antes de hablar, se respira. Ni Jesús estaba exento. Por eso, antes de hacer nada, oraba.

La oración es nuestro ejercicio de respiración. Es nuestra inspiración. Fundamentalmente para escuchar, percibir, captar, disfrutar, ser conscientes de que Él está en mí y a través de mí. Recordar sus palabras y sus hechos. Y traerlos al aquí y al ahora. También oramos para expresarnos delante de Él. Sí, pero es imposible respirar mientras hablamos.

Para crear, en primer lugar necesitamos disfrutar de la creación. Nadie hace arte si no ha disfrutado y se ha nutrido de un arte fuera de sí. Nadie crea una canción si no ha escuchado antes la música de otro. No podemos crear música si nunca hemos oído nada. La palabra "música" ni siquiera tendría sentido.

Por eso, la palabra "santo" muchas veces no tiene sentido para algunos. Alguien tiene que abrirnos los ojos y los oídos. Hay que nacer de nuevo, Juan 3, y respirar.

No sabes de dónde viene ni a dónde va, es impredecible, es su manera de ser, ser Santo, es ser impredecible, incatalogable, creativo y dinámico. La Iglesia, inspirada por ese espíritu no puede ser predecible, no puede ser estándar, no se puede franquiciar. Es libre, porque donde está el espíritu hay libertad, la libertad a la que hemos sido llamados desde el principio; la libertad de crear, de ser nosotros, todo el "nosotros" que Dios soñó, con su aire, un aire que no tiene precio, porque es demasiado caro.

Por eso, solo Jesús, por lo que hizo, nos lo puede dar, por eso es regalado, Dios no lo vende en botellas ni en bombonas, no se puede comprar ni con nuestros actos, ni con nuestro dinero, ni con nuestro esfuerzo... no se mide, porque Él no da el Espíritu por medida. Está por todas partes, nos rodea y está en nosotros.

Como el aire.
Como el viento.
El Espíritu.

Y porque Él ha querido, se lo ha regalado a los que creen, los que confían en Él. Y este será siempre el secreto y el misterio que ha dado, da y dará energía e inspiración a su Iglesia, la comunidad creativa de Jesús.

DESCARGA gratis un Bonus de este capítulo
en: **www.e625.com/artesano**

VOL. VII

NARRATIVAS

"Dios amó tanto al mundo [cosmos]...". Juan 3:16

"No te pido que los saques del mundo [cosmos], sino que los protejas del maligno. Ellos nos son del mundo, como tampoco yo soy del mundo". Juan 15:16-17

Llegados a este punto, permíteme una aclaración teológica. Y luego volvemos a hablar de arte (aunque quizá, sin saber, todo lo dicho hasta aquí haya sido teológico).

Lo diré solo una vez más: el mundo no es nuestro enemigo, es nuestro campo de misión.

Mundo, cosmos (del griego: cosmos, ja), universo o conjunto de cosas que existen. Lo creado. Es el lienzo extraordinario que Dios creó para que nosotros pintásemos sobre él. En el versículo más famoso de la historia se encuentra uno de los puntos ciegos que como Iglesia tenemos hoy. El cosmos es amado por Dios, ¡mira si Dios lo ama que Jesús vino a este mundo por esa razón!

COSMOS

El cosmos fue creado por Dios, y por eso Dios lo ama. Y nosotros amamos lo que Dios crea. Un mundo lleno de posibilidades, posibilidades creadas por Dios y, por lo tanto, buenas. Demonizar al cosmos es un grave error. Le quita gloria a Dios. Y eso es grave.

El mundo es una estructura que nos permite ejercer nuestra libertad. Porque sin forma no hay libertad, no hay lugar para ejecutar la libertad. Y no hay ninguna estructura que Dios haya creado que sea mala. Ninguna: la imaginación, la posibilidad de las artes y las ciencias, el amor de todo tipo, incluso el erótico, la comida, las plantas y animales, las etnias, los idiomas y los átomos, nuestros cuerpos, los sentimientos y la capacidad de pensar. Todo es "bueno", Génesis 1.

Pero el cosmos se puede echar a "perder". Se puede estropear por el ejercicio abusivo de nuestra libertad, es el riesgo que Dios corrió al crearnos, porque creía que valía la pena y por eso Juan, el mismo Juan que nos dice cuánto ama Dios al mundo, también advierte ¡de que no lo amemos! Como dice la versión de la Biblia "La Palabra": que no nos "encariñemos" con él:

"... porque nada de lo que hay en el mundo —los deseos de la carne, los deseos de los ojos y la vanagloria de la vida— proviene del Padre, sino del mundo". [43]

Porque nosotros, en este cosmos extraordinario, decidimos no tener en cuenta a Dios y le dimos la espalda, olvidando que todo lo que hay en el mundo procede de Él y con nuestro criterio independiente sobre el bien y el mal, construimos estructuras dentro de la estructura que van contra la estructura...

Imagina un edificio extraordinario, construido por el mejor arquitecto de todos los tiempos. Los espacios son amplios, entra luz por todas partes, es idóneo para habitarlo, la accesibilidad es perfecta y tiene todo lo necesario para seguir construyendo, de acuerdo al criterio del arquitecto que lo creó. Puedes decidir poner paredes, o quitar, pintar como tú quieras, amueblar de la mejor manera posible, de acuerdo a tus necesidades, pero no hagas tonterías. Y consulta a un experto.

Entonces yo, que no tengo absolutamente ningún criterio para la arquitectura, decido por mi cuenta y riesgo levantar un muro en un pasillo, impidiendo el acceso fácil de otros a sus hogares en la planta de arriba. Además, veo un pilar en el centro de un salón que, según mi criterio, resulta inapropiado, y lo quito. De repente veo que el techo empieza a agrietarse, que el lugar no es tan luminoso, que la cosas empiezan a resultar incómodas y que la integridad del edificio (y la de los que lo habitan) comienza a peligrar. Y entonces me quejo al arquitecto.

Los deseos de la carne, los deseos de los ojos y la vanagloria de la vida, es decir, la distorsión de lo que Dios quiere en su cosmos, es lo que debemos evitar. Recordando que ese principio de mal no está solamente ahí afuera. Está en mí. No debo ir muy lejos para encontrar deseos inapropiados y vanagloria. Y por eso el edificio de la Creación está como está. Pero se puede restaurar. Somos responsables de ello.

Jesús, en su oración sacerdotal de Juan 17, cuando pide por nosotros hace una diferencia teológica profunda entre "mundo" y "maligno". El mundo NO ES el maligno ni quiere que nos quitemos del mundo, sino que seamos protegidos del mal, del maligno, de ese principio destructor que quiere acabar con el cosmos de Dios. Y eso no es cosmos, es caos. Porque el maligno no crea nada, es un parásito que aprovecha la bendita creación de Dios y la destruye.

---

43 - 1 Juan 2:16 RVR95

Tristemente, el programa evangélico suele ir al revés de este versículo: nos quitamos del mundo, pero no nos protegemos del mal. Seguimos con los mismos valores, del cosmos roto y distorsionado, olvidando que no somos de este sistema destructor que se ha creado dentro del sistema (de nuevo la metáfora del edificio). Sino que, como dice C.S. Lewis, formamos parte de una invasión "a un territorio ocupado por el enemigo."

Jesús nos dijo: están en el mundo, pero no son del mundo. Como cristianos, en demasiadas ocasiones hemos hecho exactamente lo contrario: pertenecer al mundo sin estar en él; no amarlo, pero ser suyos. Seguir todos sus valores, todas sus modas y corrientes, pero además sin implicarnos presencialmente en él.

Apartados físicamente, creando nuestros propios microcosmos, pero totalmente inmersos mental y espiritualmente en una forma de entender la vida muy parecida a la de la gente que no tiene la cosmovisión de Jesús. Y no me refiero a que no nos diferenciáramos en los superficial; todas aquellas cosas que relacionamos con "ser del mundo" (y que, casualmente, están siempre relacionadas con lo externo) las hemos tenido claras: no hagas, no bebas, no vistas, no vayas... Hemos interiorizado muy bien esas normas que nos permiten tener una vida aparentemente apartada, pero nos hemos tragado, junto con el camello, los verdaderos dramas de una cosmovisión sin Dios: el consumismo, el individualismo, la desigualdad entre hombres y mujeres...

Nos hemos alejado del tejido artístico y social del mundo, creando nuestro propio sistema, "quitándonos del mundo", como si nada de lo que ocurriera "ahí afuera" tuviera que ver con nosotros, incluso demonizando cualquier cosa que no tenga la etiqueta de "cristiano" pero mostramos, a la vez, las mismas estructuras que intentamos evitar: Los deseos de la carne, los deseos de los ojos y la vanagloria de la vida, muy presentes en cómo nos vemos los artistas y cómo los tratamos en nuestros círculos cristianos, imitando "el mal" en nuestros valores, que no deberíamos compartir con el mundo y alejados del mundo, en el que deberíamos estar; la mala gestión de la fama y las redes sociales son un buen ejemplo de ello.

Gracias a Dios, después del archiconocido Juan 3:16, número uno en versos recitados, está su hermano pequeño, el que le sigue, Juan 3:17, que me gusta más en este momento de mi vida (los hermanos pequeños siempre me inspiran más ternura), y nos recuerdan la intención de Dios, que no siempre es la nuestra:

---

44 - Juan 3:17 RVR60

"Porque no envió Dios a su Hijo al mundo [cosmos]
para condenar al mundo [cosmos]
sino para que el mundo [cosmos]
sea salvo por él". [44]

CAOS

"Ustedes son la luz del mundo [cosmos]...". Mateo 5:14

(Sigo teológico) ¡El mundo! Ese monstruo cristiano que hemos creado para asustar a los niños cristianos: "¡Cuidado, si te portas mal, vendrá el mundo y te comerá!". O: "¡Cuidado, porque el mundo puede entrar en la Iglesia!". O peor: "¡Cuidado, que se van a ir al mundo!". A lo que yo respondo: ojalá nos fuéramos al mundo (si es que en algún sentido estamos en otra parte en algún momento en realidad), para trastornar el mundo y llenarlo de la sabiduría y del arte de Dios, de Su Reino, recuperar lo que es de Él.

Otra que escucho es: "¡Es que el mundo está muy mal, es un caos, cada vez está peor!".

Y echarle la culpa al mundo de esa manera es tan absurdo como decir: "¡Qué oscura que es la oscuridad!".

Olvidamos que la oscuridad no tiene existencia por sí misma. La oscuridad es, básicamente, ausencia de luz. Es decir, el mundo no tiene luz, pero la necesita, sin ella, se queda en oscuridad. Y Jesús nos recuerda que la luz somos nosotros. Y según Él, no es una luz para nosotros, es una luz que se enfoca... hacia el mundo.

No somos luces para deslumbrarnos unos a otros en nuestro pequeño "microcosmos", un circuito cerrado de electricidad. Sino que Dios nos quiere enfocados hacia afuera, ekklesia en todo su "esplendor". Somos responsables, entonces, del estado de este cosmos. Si la oscuridad reina, es porque la luz no está haciendo bien su trabajo y se encuentra agazapada debajo de la mesa.

Lo contrario de luz es oscuridad, ausencia de luz; lo contrario del Bien es el Mal, ausencia de Bien; lo contrario de cosmos es caos, ausencia de cosmos.

Y caos también es una palabra que viene del griego. Deberás acostumbrarte si quieres saber por qué hablamos como hablamos. "Chaos", lo impredecible, desorden. Si profundizas más en su trasfondo, descubrirás que su raíz viene de la palabra "ghn" o "ghen" del idioma indoeuropeo o protoindoeuropeo, el idioma común ancestral de donde proceden la mayoría de lenguas europeas y del Asia meridional. Significa matar, destruir.

La teoría del caos es extremadamente compleja y se aplica a la psicología, las matemáticas, la física, la meteorología, la biología y postula la impredecibilidad de los acontecimientos de todo tipo; "fuera de control", todo tiende a ser caótico y es una descripción perfecta de los acontecimientos en mi despacho.

Si no tomo conciencia de que en mi despacho las cosas deben estar en su sitio, poco a poco (no por mi culpa, sino por la teoría del caos), el desorden reina cada vez más; los libros empiezan a ubicarse de manera aleatoria en lugares insospechados y en posiciones cada vez más absurdas, mientras los papeles surgen por generación espontánea por todas partes.

De repente la mesa desaparece debajo de montones de objetos que quién sabe quién los puso ahí. Y podría seguir describiéndote el panorama. Todo tiende al caos, yo incluido. Entonces, tomo conciencia y pongo orden. Asumo mi

EL CAOS NUNCA VA A RESOLVERSE SOLO. NECESITA CREADORES DE COSMOS

responsabilidad de este caos y, de él, creo orden; separo de nuevo los libros y veo una preciosa mesa debajo, recojo los papeles y separo los que he de tirar a la basura y los que me sirven. Enciendo la lámpara y sigo escribiendo en un ambiente más adecuado. Y así, este pequeño espacio que en estos momentos es mi mundo, mi cosmos, vuelve a tener sentido, orden y belleza. Deja de ser caótico.

Un ser personal, con responsabilidad y criterio, pone orden, cosmos, en medio del caos. Porque soy capaz de generar orden del desorden. De momento. Si no, podría ser diagnosticado con el síndrome de Diógenes. Este síndrome se caracteriza, entre otras cosas, por un abandono personal y social, un encierro en tu propio hogar y una acumulación de grandes cantidades de basura sin sentido y de desperdicios. Un caos. Porque lo normal es tirar la basura a la basura, al vertedero. Siempre ha sido así. También en Jerusalén, en la época de Jesús.

Este lugar al que había que tirar la basura se conocía como la gehena, el Valle de Hinom. Era el estercolero de la ciudad y en aquel lugar, debido a los malos olores, quemaban azufre para intentar disimularlo e incinerar los desperdicios. Era un valle insalubre, lleno de gusanos, donde siempre había algo ardiendo. Nadie quería acabar allí. Jesús lo utilizó como metáfora para hablar de lo contrario a Dios, del resultado final de negar el cosmos de Dios. Un caos terrorífico, un síndrome de Diógenes llevado al extremo. Todo lo opuesto a la creación y al orden de Dios. (Mateo 23:33).

El caos nunca va a resolverse solo. Necesita creadores de cosmos. Nuevos bienes culturales que terminen con el Mal, historias que pongan en orden quiénes somos y qué hacemos aquí; que separemos lo que sirve de lo que no, que tengamos nuevos horizontes hacia los que apuntar, y nuevas propuestas y estructuras que "den sentido" a todo. Nuevas metanarrativas. La única manera de acabar con el caos es ofreciendo a cambio una propuesta creativa.

Desde Génesis 1:1 vemos que Dios puede crear cosmos del caos. Y lo sigue haciendo, y para ello, hoy, cuenta con nosotros.

*"En el principio creó Dios los cielos y la tierra. Y la tierra estaba **desordenada** y **no tenía forma**. La **oscuridad** cubría el **profundo abismo**, mientras que el Espíritu de Dios se movía sobre las aguas. Entonces Dios dijo: "¡que aparezca la luz!" y apareció la luz".*[45]

Dejemos de llenar de basura y oscuridad este mundo, porque todo lo que se opone a la propuesta de Dios, termina siendo un infierno.

METANARRATIVAS

"Los cristianos están llamados a cantar una mejor canción, no simplemente hablando el evangelio, sino viviendo esta "mejor historia" en nuestros barrios y en nuestras iglesias". Glynn Harrison

Volvamos al arte. Quizás no lo sabías, pero vivimos inmersos en metanarrativas. En grandes relatos e historias. En esquemas de cultura narrativa global, nacional o regional, que organizan y explican lo que somos, nuestras experiencias, nuestro pasado y futuro, nuestro entorno, los porqués de todo. O al menos lo intentan.

Asumimos esas historias como explicación de lo que ocurre, de cómo es el mundo. Nuestro mundo. A todos los niveles: religioso, histórico, científico, ético, artístico y social.

Es la "historia detrás de las historias". "Meta" (más allá) narrativas, historias. Historias que pretenden explicar todas las demás historias, las conectan, sitúan los pequeños relatos de nuestra vida en un contexto mayor. Porque queremos saber cuál es la historia que da cabida a todas las demás, que las trasciende y las sitúa. Algunas de estas narrativas tienen pretensiones universales y también nos dicen quiénes son los buenos y quiénes los malos. Es el argumento de la película desde el que se escribe el guion de "toda la historia".

---

45 - Génesis 1:1-3 [énfasis del autor]

Porque hemos sido creados para vivir inmersos en cultura, en narrativas. Nos sabemos parte de algo que, de alguna manera, se está escribiendo y tiene sentido.

Las naciones y las ideologías tienen también estas historias explicativas, muy gráficas y evocadoras. Hay para todos los gustos: Rómulo y Remo, que fundaron Roma; la lucha de clases, que según Karl Marx es la explicación y el motor de la historia humana y que hoy en día, después de varias manifestaciones fallidas, está mutando hacia "generar" nuevas clases y, por lo tanto, nuevas luchas; la mitología nórdica, las narrativas de las diversas religiones y creencias que empapan e inundan completamente las culturas; el islam, el cristianismo, el hinduismo, el budismo, etc. También tenemos algunas más cercanas y, en un sentido, de carácter más reducido. Narrativas que nos han vendido los valores actuales, como la narrativa de la "revolución sexual", fundada en la redefinición de la sexualidad en los años 60, que apelaba a las emociones por encima de la razón, y que prometía liberarnos y ayudarnos a descubrir quiénes somos realmente, y que lo único que consiguió fue disfrazar de liberación sexual la cosificación de los cuerpos de las mujeres, haciendo creer que héroes como Hugh Hefner y su libro sagrado, Playboy, habían conseguido la libertad sexual de las mujeres a la vez que se enriquecían a costa de la venta de sus cuerpos.

Esta narrativa secular de los últimos cincuenta años ha inundado todo el mundo occidental, y ofrece como medio de salvación y liberación al "yo", además de redefinir y contrarrestar otras narrativas como la cristiana, la cual han redefinido como "opresiva, hipócrita e inmoral", mientras deshumanizaban a hombres y mujeres. Y, como toda narrativa, usando un lenguaje intencional (qué importante es el lenguaje, afecta a nuestro pensamiento mucho más de lo que pensamos), que en otra de sus aristas reconstruye el significado de palabras importantísimas como libertad, "mi" cuerpo, género, hombre, mujer, "amor" (que en esta narrativa es considerado fundamentalmente una emoción).

Todo un esfuerzo antropológico que se nos presenta inocente con historias atractivas. La antropología (ánthrōpos, hombre, humano; logos: conocimiento) juega un papel fundamental en cada una de estas propuestas. ¿Qué es el ser humano?, es la gran pregunta a responder. Y a partir de ahí se construye todo lo demás.

Otra metanarrativa, por sumar un último ejemplo, de carácter totalitario, es la atea materialista, especialmente evocadora, grandiosa y con héroes y un final trágico, con mitos y mucha tragedia griega (no hay nada nuevo bajo el sol), y que pretende explicar quiénes somos y qué hacemos aquí. Más o menos es así, al menos, en algunas de sus expresiones: De la nada algo surgió, porque "antes" la nada lo era todo, hasta que hubo algo, una explosión aleatoria de la nada con nada, que produjo una expansión que nuestra imaginación es imposible de abarcar, ni en el espacio ni el tiempo.

Fruto de esa explosión, después de millones de años de un viaje sideral, en un rincón del universo, en una galaxia menor, en un diminuto sistema solar, había un pedazo de roca, un planeta que tuvo, fruto del azar, más tiempo y las condiciones idóneas para la aparición de la vida. Moléculas que se juntaron de forma aleatoria que terminaron formando células y éstas, a su vez, de manera arbitraria, formaron seres pluricelulares que, con más tiempo y algo de "suerte", evolucionaron a diferentes manifestaciones de ese milagro llamado "vida", existencia, que millones de años después se concretó en seres que tuvieron conciencia de ese universo inconsciente, (pues todo lo que había ocurrido era fruto del azar, sin conciencia). Esos seres con conciencia siguieron evolucionando y se convirtieron en seres humanos, lo que somos hoy, creyéndose el centro del universo. Formaron civilizaciones, culturas, religiones y sociedades, se pelearon y mataron entre sí, se amaron y construyeron "grandes imperios". Hasta que un día descubrieron que solo eran una mota de polvo en un universo sin sentido.

Aun así, continuaron viviendo, asumiendo que venían de la nada y que su destino era la nada, porque millones de años después, su pequeño sol, se apagaría, y aunque consiguieran colonizar otros sistemas o incluso galaxias, aquellas estrellas lejanas también se apagarían y al final la nada triunfaría. Por eso, saben que en el fondo nada tiene sentido, porque venimos de la nada y vamos para la nada. Solo somos un montón de átomos destinados a la desintegración, que tienen la suerte o la maldición de saber que existen y cuya conciencia solo es una ilusión creada por las bombas de sodio-potasio de sus neuronas. Así que todo es arbitrario, y todo está predeterminado desde aquel primer momento explosivo de la nada, porque no hay nada más que materia. Los valores morales no tienen dónde agarrarse, así que yo (si es que "yo" significa algo en esta metanarrativa) decido cuáles son los que usaré para vivir. Desde entonces, los que son valientes para asumir esa realidad narrativa, ejercen su libertad (otra ilusión) buscando sentido en un universo que no tiene ninguno. Hasta que la nada vuelva a "aparecer". Fin.

Y esta narrativa (hay muchas otras), empapa muchas de las obras creativas de nuestro tiempo, y también influencia masivamente a la manera de ser y actuar de los seres humanos y a los contextos sociales que la tienen como referencia.

Porque las narrativas condicionan nuestros valores, nuestra ética, lo que está bien y lo que no. Pero no por plantear desde el principio una serie de normas y una lista de "deberes". No, las historias que contamos llevan implícitos estos "deberes", y en lugar de ordenarnos qué debemos hacer, nos inspiran a seguir su ejemplo.

Los valores de nuestra sociedad vienen determinados en gran medida por las historias que nos contamos, que transmitimos los unos a los otros. La imaginería que subyace a cada "deber" es lo determinante, es la materia prima de nuestra ética.

La filosofía que vivimos está influenciada por estas historias. Ya Sócrates y sus compatriotas usaban los mitos de los dioses para explicar sus ideas filosóficas, y sí, el material primario de estas narrativas son propuestas artísticas, que hoy en día

LAS NARRATIVAS CONDICIONAN NUESTROS VALORES

se transmiten a través de películas, cine, series de televisión, novelas literarias y canciones que escuchamos y que nos dicen qué es el amor, qué es la justicia, qué es la sociedad, qué es injusto, y así, a través del arte, nos plantean narrativas donde nos situamos, y hacemos juicios de valor. Nos plantean una cosmovisión (ver vol. II).

Por eso, los generadores de cultura serán aquellos que cuenten la mejor historia. De la forma más bella y verdadera, es decir, que tenga el mayor poder explicativo de todas las cosas.

Porque las semillas de las estructuras culturales en las que vivimos, de ese "orden" que hemos creado, son las historias, las propuestas artísticas. Al fin y al cabo, un artista es un filósofo con creatividad y como Iglesia, no podemos responder simplemente con datos, con "normativas y leyes que cumplir", como si en la esencia de lo que tenemos, en el centro de nuestra narrativa hubiese una lista de normas... No podemos meternos en una "lucha frontal", porque está demostrado que no sirve de nada. La lucha de los "deberes" es una lucha superficial, una jaula de grillos. Es en las narrativas donde está el campo de juego cultural, donde se gesta todo.

Una buena historia generará una buena antropología, una buena filosofía, una buena teología, una buena sociedad. Será una semilla, la Palabra de Dios, que germinará en sociedades justas y yo creo que la metanarrativa cristiana planteada en la Biblia es la más maravillosa de todas, la más bella y verdadera.

Debemos generar bienes culturales e historias que reflejen esta realidad, no para imponer, sino para inspirar, con narrativas, propuestas y con arte. Enviemos a los mejor preparados para contar buenas narraciones, a los que, con su imaginación, cultivada en la narrativa bíblica, cuenten las mejores historias y canten las mejores canciones con sus vidas.

"Dejadme hacer las canciones de una nación y no me preocuparé de quién haga sus leyes". Platón

LA LEY DE LOS ERRANTES

El pueblo de Israel tenía una narrativa extraordinaria, una fuerza que hasta el día de hoy sigue siendo un combustible que nutre su "nación". El inicio de la narrativa es la esclavitud en Egipto y su liberación por parte de... ¡Dios! Un Dios que, al contrario de los dioses de la época, era único, y que no era el Dios de los poderosos, sino de los últimos, de aquellos desheredados de la Tierra. Desde esa manifestación de YHVH (Yo soy el que soy) a Moisés, que era el Dios de Abraham, Isaac y Jacob, el pueblo de Israel desarrolló toda su historia y su metanarrativa. Eran un pueblo errante, eso es lo que significa la palabra "hebreo".

Dios los libró de Faraón y cruzaron el Mar Rojo, allí les fueron dados los diez mandamientos, como fruto de esa liberación. Aunque el pueblo de Israel le falló desde un principio, Dios fue fiel.

Estuvieron errantes durante cuarenta años en los que Dios les sostuvo, y después se dirigieron hacia el Jordán para cruzarlo y conquistar la tierra que Dios había prometido a su ancestro Abraham, otro errante.

A las puertas de la tierra prometida terminó de darles la Ley. En esa narrativa del viaje, del camino, en ese peregrinaje, en ese contexto de nación errante que avanzaba, Dios les dio La Ley, de acuerdo a esa narrativa. Y hasta ahí son sus textos fundacionales, su Torá, el pentateuco.

El último libro de esa colección, el de Deuteronomio (segunda ley), es un ejemplo extraordinario de cómo las historias que nos contamos, en las que creemos y hemos vivido, son en las que ponemos las bases de las leyes de nuestras sociedades. En ese libro hay un énfasis continuo en que Dios ama a Su pueblo, que todo lo que hace lo hace por amor a ellos, que es Su amor el que hace que Él se comprometa con sostenerlos durante su historia. Y es en ese amor y narrativa que basan toda su legislación acerca de todos los temas que les atañen: las relaciones familiares, las relaciones de negocios, las causas penales, la justicia social, el cuidado medioambiental y el respeto mutuo y a los animales, los cuidados médicos de salubridad, la recaudación de impuestos y gestión de patrimonios... Todo. Todo emanaba de su narrativa.

Además, Deuteronomio insiste en defender a los últimos; otro punto importantísimo de su Ley. Constantemente, bañando el texto aquí y allá, aparece una triada de gente necesitada: los extranjeros, los huérfanos y las viudas; tres colectivos que eran los más vulnerables en aquellas sociedades.

Esta preocupación estaba basada en el énfasis del éxodo, de un pueblo que había sido extranjero, esclavo, los últimos, y aun así habían sido amados; por eso no podían perder la sensibilidad por aquellos que eran considerados los últimos. Gracias a su propia historia e identidad. E incluso había pequeñas historias que debían recordar y transmitir de generación en generación. Pequeñas narraciones que condensaban quiénes eran y que servían como ancla para conectarlo con toda la Ley. Es decir, si tu hijo te preguntaba por qué tenías esas leyes, esos decretos, esos estatutos, no debías decir: "¡Porque sí!, esto es así y punto. No. Debías darle una razón narrativa, una explicación, contarle una historia:

"Mañana, cuando te pregunte tu hijo: '¿Qué significan los testimonios, estatutos y decretos que Jehová nuestro Dios os mandó?', dirás a tu hijo: 'Nosotros éramos siervos del faraón en Egipto, y Jehová nos sacó de Egipto con mano poderosa. Jehová hizo delante de nuestros ojos señales y milagros grandes y terribles en Egipto, contra el faraón y contra toda su casa. Y nos sacó de allá para traernos y darnos la tierra que prometió a nuestros padres. Jehová nos mandó que cumplamos todos estos estatutos, y que temamos a Jehová, nuestro Dios, para que nos vaya bien todos los días y para que nos conserve la vida, como hasta hoy. Y tendremos justicia cuando cuidemos de poner por obra todos estos mandamientos delante de Jehová, nuestro Dios, como él nos ha mandado'". [46]

Esta historia de salvación y redención, de un Dios que ama constantemente a su pueblo, aunque era el más pequeño de todos, debía transmitirse de generación en generación. De esta manera formaron una cultura que, hasta el día de hoy, a pesar de que en muchos momentos históricos dejó de tener un territorio propio durante largos períodos de tiempo, jamás perdió su identidad. Una narrativa tan potente es difícil de destruir. Errantes.

Esta evocadora historia, hasta el día de hoy, sigue siendo relevante para muchos colectivos, para muchas culturas y fue, sin duda, inspiradora para todo el movimiento de los derechos civiles entre 1955 y 1968 en Estados Unidos, donde el pastor Martin Luther King hablaba de esa liberación como pueblo, de salir de ese Egipto, que llenó de lírica mucha de la música Gospel que acompañó a este movimiento civil, inspirado en las Escrituras. Para cambiar las leyes. Y finalmente, lo consiguieron.

Para el pueblo de Israel, La Torá no era simplemente un conjunto de normas sino, más bien, el testimonio de lo que había ocurrido en Egipto donde, por primera vez, Dios se revela a un pueblo con señales, prodigios difíciles de olvidar, que no solo debían recordar con palabras sino también con festividades, tradiciones y comidas; como la Pascua, donde se recordaba la

---

46 - Deuteronomio 6:20-25 RVR95

ARTESANO ALEX SAMPEDRO

narrativa de la noche donde finalmente Dios les salvó de la esclavitud con su poder.

Toda esta historia en el Pentateuco está rodeada de otras, está rodeada desde el principio de todo, el Génesis, por un Dios Creador que, al contrario que en los otros mitos, no nos crea como resultado de batallas entre dioses, sino por su Voluntad y deseo de Bien, dándole a toda la creación material y a este planeta un valor y un propósito.

En ese marco es donde se sitúan todas esas leyes que guiaron y siguen guiando a todo un pueblo que marcó a su vez a todos los pueblos. Ya que, en sus historias primeras, en el llamamiento a Abraham ya venía escrito: *"... por medio de ti yo bendeciré a todos los pueblos del mundo".*[47] En su ADN cultural estaba la vocación de haber sido elegidos no para ser el mejor pueblo de todos, sino el pueblo a través del cual todos los demás pueblos podían ser bendecidos por Dios.

Cientos de años más tarde, un judío, un hebreo, Jesús de Nazaret, haciendo una lectura profunda de Deuteronomio y de toda la Torá, recuperó la esencia de aquel mensaje liberador. Fue de ese libro que extrajo los dos mandamientos, las dos leyes más importantes sobre las que basó todo su proyecto: amar a Dios y a tu prójimo como a ti mismo.

De nuevo, extraídos de esa narrativa y de un Dios Creador que preguntaba desde un principio "¿dónde estás?" al ser humano perdido, construyó un proyecto, el reino de Dios, para salvar a aquellos que se saben esclavos, para llevarlos a una tierra prometida, convirtiéndolos en errantes, peregrinos que serán sostenidos por Dios, y que tendrán como prioridad los últimos, como Dios, como Jesús. Y esta narrativa sigue siendo tan potente como entonces. Y aún hay más.

GRAN COMISIÓN: UNA NARRATIVA LLAMADA GRACIA

"Los once discípulos fueron a Galilea, a la montaña que Jesús les había indicado. Cuando lo vieron, lo adoraron; pero algunos dudaban. Jesús se acercó entonces a ellos y les dijo:
—'Se me ha dado toda autoridad en el cielo y en la tierra. Por tanto, vayan y hagan discípulos de todas las naciones, bautizándolos en el nombre del Padre y del Hijo y del Espíritu Santo, enseñándoles a obedecer todo lo que les he mandado a ustedes. Y les aseguro que estaré con ustedes siempre, hasta el fin del mundo'". Mateo 28:16-20 NVI

47 - Génesis 12:3

Si has llegado a este punto, seguramente ya tendrás una idea amplia de la metanarrativa de este libro: Jesús dio su vida por nosotros en la cruz. Y resucitó. La muerte no es el final del arco narrativo, sino un enemigo vencido. La esperanza es el rumbo. Esta creación no está como debería estar, porque en el ejercicio de nuestra libertad rompimos nuestra conexión con el principio de todo. La nada no es el principio, el principio es Dios, y le da sentido y dirección a este cosmos.

Y si el principio es Dios, el final también. Pero no será igual que al principio, sino que nuestra historia, lo que ocurre aquí y ahora, afectará a la eternidad. Y aquel jardín primigenio se convertirá en una ciudad-jardín. Lo que hacemos en esta vida cuenta, y podemos sostener nuestros valores morales y nuestra ética en base a esa voz de Dios que nos ama y nos da valor como seres humanos. Es Él, y solo Él, quien da sentido objetivo a nuestra existencia, más allá de cualquier teoría sostenida con alfileres. Hecho a Su imagen, el ser humano tiene valor eterno, es una obra de arte, y cualquier mujer u hombre, nacido o rumbo a nacer, tiene más valor que la capilla Sixtina, porque es eterno, porque Jesús murió por nosotros, no por ninguna pintura.

Esta buena noticia, la metanarrativa de un Dios que se entrega por gracia como regalo a su creación, que no solo la crea sino que la rescata, que se involucra hasta las últimas consecuencias y que empatiza con nosotros, toma nuestro lugar, nuestro rumbo a la muerte, a la nada, lo asimila, lo sufre y termina trascendiéndolo y resucitando dándonos un nuevo horizonte de vida, demostrando que es posible vencer el sufrimiento y que tarde o temprano terminará de una vez por todas; esta noticia digo, es demasiado potente como para dejarla a un lado.

Y Jesús, en sus últimas palabras en esta tierra, nos dejó una "co-misión", un encargo. Esta semilla, esta historia, era donde debía vivir todo el mundo. Era la historia por la que habíamos nacido, es el guion de la película, el guion real que explica como ninguna otra metanarrativa todo lo que ocurre. El argumento que da sentido a todas las historias vividas por todos los seres humanos que han pisado esta tierra.

"Se me ha dado toda autoridad en el cielo y en la tierra". Jesús, por sus hechos, demostró ser el gran protagonista de la historia humana; todo encaja en Jesús, todo el guion de la humanidad tiene sentido desde Jesús. Él es motor de todo lo creado, en el cielo (lo que no vemos) y en la Tierra. Porque en el centro de nuestra narrativa no hay normas, no hay deberes, sino una persona, un ser humano que es "el camino, la verdad y la vida". Y todo lo demás emana de la narrativa de esa historia. Y aquí, como en toda metanarrativa, se requiere fe, confianza en que esa historia es verdadera. No solo un mito. De hecho, muchos mitos fundacionales de naciones, etnias y grupos sociales, albergan en su interior verdades divinas, es decir, apuntan de alguna manera al "mito verdadero". Y es extraordinario encontrar esos puentes que podemos usar. Al fin y al cabo, Él es el Señor de la Tierra y podemos encontrar sus marcas en prácticamente todas las expresiones culturales. CS Lewis, dentro de su proceso de conversión, observó que

"... el cristianismo es ambos, un mito y un hecho. Es único. Es el mito verdadero".

Es la historia a la que apuntan todas las demás. Porque Dios ha puesto eternidad en el corazón del hombre, sea cuál sea su creencia. "Toda autoridad, en todas partes". Como solemos decir, Jesús es el Señor de Señores, el Rey de Reyes... Y es también la historia de todas las historias.

"Por tanto, vayan y hagan discípulos de todas las naciones". Así que, "vayan". Jesús pone nuestras vidas en movimiento, nos lanza a la aventura. Ya no podemos tener una vida estática. Somos errantes, pero con rumbo definido. Vayan, id, y si hemos asimilado esta historia como nuestra historia, comuniquemos al mundo cuál es la historia de las historias, de todas las naciones, acerquémonos a todas las metanarrativas, dialoguemos con ellas y démosles su sentido auténtico. Jesús es el Señor. Somos sus aprendices, sus discípulos, no por ser los mejores, sino porque nos ama, para amar a todas las naciones de la Tierra..., observa cómo resuena aquel primer llamado de Abraham... la narrativa del Génesis continúa...

"... bautizándolos en el nombre del Padre y del Hijo y del Espíritu Santo, enseñándoles a obedecer todo lo que les he mandado a ustedes". Bautizar, enterrar, sumergir. No transmitimos meramente información, sino que invitamos a la gente a sumergirse en la historia de amor de la Trinidad; del Padre, del Hijo y del Espíritu Santo, a experimentar el amor eterno del Dios trino. A empaparse de pies a cabeza, sin dejar ni siquiera el talón de Aquiles afuera, rodeados de la metanarrativa de Jesús, saliendo de Egipto y pasando, "atravesando el mar", para luego, fruto de esa libertad, "enseñar", para cumplir con el compromiso adquirido, porque somos un pueblo que Él ha salvado, para ir hacia la tierra prometida. La narrativa del Éxodo continúa...

Y todos nuestros preceptos, lo que "debemos" hacer, en todas las áreas de nuestra vida, familiar, social, económica, ecológica, laboral, de priorizar a los últimos, etc., emanan de esa historia de salvación. La narrativa de Deuteronomio continúa...

"Y les aseguro que estaré con ustedes siempre, hasta el fin del mundo". Y en esta historia, la promesa no es la falta de problemas, de sufrimiento o de dolor, ni de dudas. Pero sí de que el protagonista estará con nosotros. En nosotros. La historia de Jesús será la nuestra. Y será así hasta que aparezcan los créditos finales, el "The end". Y todo tendrá sentido.

Me encanta Karl Barth, teólogo suizo que junto a otros supo oponerse ideológicamente a los nazis y a teólogos liberales de la época a pesar de que la corriente iba en su contra.

La obra más importante que escribió es la Dogmática eclesial, en la que propone una manera de ver la narrativa de la salvación, de la historia de la humanidad, y que podría resumirse en estos tres puntos (de nuevo, un spoiler):

Dios es Dios, pero es Dios para el mundo.
El mundo es mundo, pero es amado por Dios.
Dios se encuentra con el mundo en Su Palabra, Jesucristo.

Acabo de resumirte catorce tomos con más de diez mil páginas. De nada.
Vayamos pues, e inundemos todo el mundo de la Palabra, es decir, de Jesucristo, que es la narrativa eterna de la gracia de Dios,
Porque el mundo, en este preciso momento, es amado por Dios.

MEMES Y EVANGELIO

"Otra parábola les dijo: 'El reino de los cielos es semejante a la levadura que tomó una mujer, y escondió en tres medidas de harina, hasta que todo fue leudado'". Mateo 13:33 RVR95

"La razón de que a la iglesia de Jesucristo le cueste tanto mantenerse en la cresta de la Gran Comisión es que, mientras la población mundial se multiplica, la iglesia se limita a sumar". Walter Hendrickson

Los memes, en el lenguaje popular reciente, tienen la connotación de una imagen acompañada de alguna frase cómica que se viraliza, se pasa de persona a persona a través de alguna red social, se "comparte" y se convierte en "trending topic" durante un tiempo más o menos largo. Siempre que hablo de esto me imagino una foto con un gatito y una frase de Pablo Coelho. Un meme. En realidad, este término lo acuñó un biólogo muy conocido, Richard Dawkings, en su libro El gen egoísta. Dentro de la teoría de difusión cultural —cómo se expande un bien cultural—, la unidad teórica de información cultural transmisible de un individuo a otro, de una mente a otra, de una generación a la siguiente, se llama "meme".

Lo que un gen es al mundo de la biología, un meme lo es al mundo de las ideas. El término juega con la palabra "gen" combinada con las palabras memoria y mimesis. Un meme codifica y encapsula una idea en una forma fácilmente replicable. Un conjunto de memes sería un memeplex, que serían la materia prima de una ideología, un sistema de creencias o una cosmovisión. Como el ADN, se reproducen, se replican por mutación a formas evolucionadas de ideas y, dentro de ese memeplex, se van añadiendo o cambiando memes según exija la situación. Son extremadamente virales, se transmiten de manera exponencial, como las bacterias. Estos paquetes de memes tienen una capacidad extraordinaria de reproducirse por inoculación en el cerebro receptor. Y se transmiten de unos a otros por medio de la comunicación humana, es decir, de "la palabra", en un sentido amplio.

Quizá todo esto te suena un poco raro, friki, como si estuvieras en una conversación con Sheldon Cooper de *The Big Bang Theory*, pero en realidad es algo que experimentas a diario ya que todos tenemos la sensación de "haber sido cautivados por una idea" y nos quedamos enganchados a ella. Nos "convierte" a ella. A veces es una canción "pegajosa", o un mensaje o imagen de WhatsApp que se replica continuamente. A veces, llegada desde veinte fuentes distintas. Una idea novedosa o rompedora, que se extiende como la pólvora, como un best-seller. Es todo lo que ocurrió por ejemplo en torno a *El Código da Vinci*; otras veces es algo más serio, como el Mayo Francés del 68, unas manifestaciones estudiantiles en Francia contra la sociedad de consumo que influenciaron en el arte, la filosofía, el modo de vida juvenil, y que afectaron directamente al movimiento "hippie"; o la Primavera Árabe ocurrida entre 2010 y 2013 (otra serie de manifestaciones) que transformó el mapa político de muchos países.

Está en la esencia de los memes, reproducirse. Son esa semilla que, con la información necesaria y el ambiente adecuado, da "fruto" a 20, 60 y 100 por uno. Memes.

La película *Inception*, en España traducida como *Origen,* es una metáfora perfecta de este fenómeno. Fue dirigida magistralmente por Christopher Nolan y protagonizada por Leonardo di Caprio. En ella, un equipo de "ladrones" puede introducirse en la mente de las personas para robar ideas, claves de seguridad, de bancos... pero también inocular nuevos conceptos mentales, un meme, una sencilla frase en su subconsciente que puede determinar el futuro de la persona afectada. Al margen de la preciosa fotografía y el guion de esta fantástica película de ciencia ficción, la idea en sí me parece brillante. Porque es así como es el ser humano. Transmitimos memes, y memeplex, los unos a los otros, y conformamos nuestra visión del mundo y de lo que somos. Un meme tiene el potencial, como una semilla, de transformar el mundo entero. Y ocurre todo el tiempo, en todas partes.

Sus características pueden analizarse en tres dimensiones. En primer lugar, la fecundidad del meme, es decir, su efectividad, su velocidad de transmisión. Cuanto más simple es el meme, más claro, más creativo y efectivo es, más fecundo.

En segundo lugar, su *longevidad,* es decir, durante cuánto tiempo persiste. Algunos memes de transmisión rápida tienen una vida corta, y no sirven para mucho, solo entretienen. Otros, en cambio, que tienen un ritmo menor, perduran mucho más en el tiempo y se transmiten de generación en generación.

Tienen mucho más calado cultural. Por último, la fidelidad en la *replicación.* Algunos memes son fáciles de mutar, de cambiar, de degenerar y terminan convirtiéndose en algo totalmente diferente a la idea que era en sus inicios. Otros memes, en cambio, demuestran una resistencia extraordinaria, y se mantienen fieles a su sentido primero, a pesar de las veces que se replican, a pesar de ser traducidos a otros idiomas, de contextualizarse, de cambiar de medio de comunicación por el que son transportados, o de cambiar de cultura a la que están afectando.

En un sentido, el evangelio nos cautivó para que pudiéramos adoptar una visión del mundo (un memeplex) bíblica. Jesús nos animó a ser esa levadura que leuda toda la masa, que se extiende como un meme. La Biblia está llena de memes que replicamos. Cápsulas que se transmitieron oralmente de unos a otros y que eran tan potentes que transformaban vidas enteras, comunidades enteras. La forma rabínica de *"Yo recibí del Señor, lo que también os he enseñado..."*[48], es un ejemplo perfecto de meme. Y la Escritura está empapada de ellos.

Himnos, pequeñas canciones que transmitieron la fe en Jesús a todo el Imperio romano, con un efecto multiplicador. El pan y el vino, otro meme, con un significado profundo; la frase "Jesús es el Señor" en el griego, Jesus estin kyrios, que fue totalmente revolucionaria en los siglos I, II y III, y por el que muchos dieron la vida; la cruz, un meme visual extraordinario, fruto de la resignificación de aquel objeto de tortura persa, pero que ha mantenido desde aquel cambio su sentido y significado de esperanza y de sacrificio y amor al prójimo hasta hoy. Memes y memeplex. Y hay muchos, muchos más en el evangelio y en la historia de la Iglesia: Abba, el bautismo como símbolo, los credos, el Padre Nuestro, la propia Biblia...

Richard Dawkins no inventó nada, solo puso nombre a lo que lleva ocurriendo desde siempre.

Vivimos en un mundo en red extremadamente sensible a la viralización. Una aldea global interconectada donde "el efecto mariposa" es cada vez más real y ocurre más rápido. Como creativos debemos conocer esta realidad. Estos memes, estas narrativas, conforman el mundo. Vivimos inmersos en información de todo tipo que pretende captar nuestra atención y propagarse. Como los genes.

48 - 1 Corintios 11:23 RVR95

Como artistas, podemos tener muy buenas ideas, buenos memes, pero si no somos capaces de crearlos de tal forma que se reproduzcan, que se repliquen, que continúen sin nosotros, quizá no sean tan buena idea, según esta teoría de los memes. No solo fijándonos en su fecundidad, también en su longevidad y su fidelidad en la replicación.

Una metanarrativa extraordinaria, o un meme genial que forma parte de esa metanarrativa pero no afecta a nadie, no creo que sea tan genial.

Muchas veces, el comportamiento de estos fenómenos es impredecible, pero podemos aprender con el tiempo, con cada propuesta, con cada intento, con cada idea. Incluso dentro del contexto eclesiástico se da este fenómeno: las pulseras de WWJD (What Would Jesus Do?, ¿Qué Haría Jesús?), las distintas modas de hacer Iglesia, incluso las "anécdotas personales" de los predicadores, que se replican y se copian de los unos a los otros por el efecto que causan en la audiencia (esto sería un ejemplo de un meme que no deberíamos tener, pero que se resiste a desaparecer) o el éxito del famoso libro de Rick Warren, *Una vida con propósito*.

Como Iglesia llevamos miles de años en esto, transmitiendo nuestra cosmovisión a través de memes efectivos, que han traspasado generaciones y que deben continuar. Dejemos de tener una mentalidad sumatoria nada más, pensemos de manera orgánica, es decir, multiplicadora. Hace treinta y tres años yo solo era una célula. Hoy en día soy billones. La genética es milagrosa.

Tenemos una metanarrativa extraordinaria que conecta de manera perfectamente asombrosa con el ser humano. Somos una levadura que hace efecto en la masa, de manera inevitable. A menos que la levadura no "toque" la masa. Solo son necesarias tres medidas, solo un poco. Un poco de levadura puede con todo.

Pablo el apóstol, en su testamento vital, su última carta, Segunda de Timoteo, propuso a su discípulo, su hijo amado, lo que él quería hacer con el mensaje del evangelio, con la semilla, la cápsula de "Palabra" que le había transformado y que quería que continuase inundando el mundo, aunque él iba a morir pronto:

"Lo que me has oído decir en presencia de muchos, enséñalo a creyentes de confianza que, a su vez, lo puedan enseñar a otros".[49]

---

49 - 2 Timoteo 2:2

Y hasta hoy ha sido así, pero necesitamos ser fieles, conscientes. En nuestro ADN espiritual como Iglesia está ese potencial multiplicador y propagador. Somos levadura, sal y luz, enviados. Somos palabra, comunicación de Dios, con la capacidad de cambiar nuestros contextos, próximos y lejanos.

Hace dos mil años, solo había un Jesús, un Cristo. Ahora somos millones. La gracia es milagrosa. El evangelio puede seguir siendo tan viral como antaño.

PARÁBOLA

Todo el mundo lo escuchaba atentamente. No importaba la edad que tuvieras ni tu estrato social, Jesús te cautivaba con sus propuestas. Recordabas lo que decía. Sus enseñanzas no solo eran verdad, tenían ritmo, rima y solían ser rompedoras, efectistas. Jesús usó el lenguaje de los poetas, de los artistas. Su predicación, su manera favorita de comunicar el mensaje del Reino de Dios, era a través de historias, a través de narrativas. Él sabía del poder de una buena historia para hacer cambios perdurables. Por eso su mensaje no fue solo lo que dijo, sino también lo que vivió, su historia. Que hoy es lo que marca nuestro mensaje. Y no solo hablaba con verdad, sino también con belleza.

> **SOMOS PALABRA, COMUNICACIÓN DE DIOS, CON LA CAPACIDAD DE CAMBIAR NUESTROS CONTEXTOS, PRÓXIMOS Y LEJANOS**

Las parábolas eran su modo favorito de compartir. Cápsulas extraordinarias acerca de su proyecto, el Reino de Dios. Son narraciones breves extraídas de la cotidianidad de los oyentes, a los que quería influir, que contenían enseñanzas para la vida. Jesús establecía una comparación de la historia que contaba con algún principio del Reino. Semillas, padres e hijos, pastores, plantas, historias de tesoros, de trabajadores, de gente en el camino... Parábolas. Algunas no se entendían del todo, pero GENEraban pensamiento creativo, te dejaban con preguntas que te impulsaban hacia adelante.

Las buenas historias son virales. Decenas de años después siguen vivas en el recuerdo de los seguidores de Jesús. Y hay un detalle magistral. Muchas de esas parábolas no eran explícitas, es decir, no hablaban directamente de Dios. Sus comparaciones eran incluso a veces extrañas. Por ejemplo, la levadura. Antes hemos hablado de la levadura como algo bueno, como una metáfora de la Iglesia. Pero hasta que llegó Jesús, la levadura era un mal ejemplo, era algo impuro. En la Pascua el pan era sin levadura. Y, de hecho, en el Nuevo

Testamento, la levadura como mala connotación seguía vigente: *"Cuídense de la levadura de los fariseos..."*.[50] Pero Jesús también la utilizó como ejemplo de un buen principio. Y esto llamaba la atención. Porque era rompedor.

Jesús se ganaba el derecho de ser escuchado. Y aún más: se ganaba el derecho de ser recordado. No necesitas ser cristiano para entender lo que significa ser un "buen samaritano", una de las parábolas más conocidas de Jesús junto con la del hijo pródigo. Un samaritano era alguien despreciable para un judío, eran escoria, gente mala. Jesús lo pone como buen ejemplo frente a levitas y sacerdotes muy correctos.

También hablaba de cómo era Dios, rompiendo los preconceptos que la gente tenía de Él. Y eso es muy importante hoy. La gente tiene ideas preconcebidas del Dios que predicamos. Una buena obra de arte, una buena narrativa, puede romper esos prejuicios y allanar el camino para el evangelio. Porque Dios no está enfadado, Dios es Padre; porque Dios no busca la oveja para castigarla sino para llevarla de nuevo al redil... Estas historias eran detonadores de una imagen distorsionada de Dios, una de las razones por la que las personas no creen, no confían, en Dios.

El arte tiene esta función profética, de depurar los conceptos que por el uso se echan a perder, para mostrar de nuevo la belleza del Dios que tenemos.

Eso hizo Jesús, que nos enamorásemos de Dios. Su manera de comunicar no siempre era comprendida, algunos preferían no entenderlas. "Quien tenga oídos para oír que oiga" era una de sus frases favoritas. Eso mismo debemos hacer nosotros, no imponer, sino cautivar. Y lo que cautiva no es la fuerza, ni el poder, sino el amor y la belleza.

Estas metáforas, estas parábolas son un lugar extraordinario en el que vivir. Estas historias fueron fruto de la imaginación de Jesús. Él, con su narrativa, nos invita a habitar en ellas, a ser la oveja perdida, la semilla que cae en buena tierra, el jornalero de la última hora, el mayordomo infiel. Llena de poesía nuestra vida y nos da sentido con las parábolas. La metanarrativa de la *salvación* está detrás de todas ellas.

Sí, también enseñará qué debemos hacer. Pero su mensaje central estará basado en una historia... Su propia historia. Él será la parábola de Dios, la historia en la que todos nosotros podemos vivir y en la que podemos basar nuestra identidad y propósito.

Las parábolas siempre producían una reacción en el oyente, no podías quedarte indiferente. Así era Jesús, subversivo con su arte. Debemos aprender no solo a hablar lo que Jesús enseñó, sino a hacerlo como Él lo hizo. Las parábolas son una manera humilde de presentar el mensaje. No impone, no retuerce, no manipula, no juega con los sentimientos, no obliga, no menosprecia, no atemoriza. Solo invita. Son una manera amable y hospitalaria de invitar a la gente a vivir en Su metanarrativa. La narrativa de Dios, de la gracia de Dios.

Las parábolas son una manera de invitar a pasar de una metanarrativa a otra. Es decir, para arrepentirse (del griego metanoia: más allá de la mente, un cambio profundo en la manera de pensar). Cuando uno cambia la metanarrativa en la que vive todo cambia, y para pasar de una realidad a otra, necesitamos la metanoia, el arrepentimiento.

Como artistas, podemos presentar el evangelio de muchas maneras, podemos hablar de nuestra cosmovisión de múltiples formas, pero hagámoslo con el estilo de Jesús.

Todas estas historias marcaron después la esencia de la Iglesia primitiva, que vivió sobre la base de estos memes, inspirados por ellos y por la vida, muerte y resurrección de Jesús que lo avalaba. Toda esta cosmovisión se extendió a lo largo y ancho del Imperio Romano. Las cápsulas de las historias de Jesús se transmitían de unos a otros, e iban modulando la ética, el estilo de vida, la narrativa de todas aquellas sociedades que eran alcanzadas con el evangelio, como la sal. Sigamos, pues, su estela. Sigamos imaginando y generando nuevas parábolas, nuevas metáforas que conecten con la realidad de los oyentes a los que queremos alcanzar. E invitémosles a vivir en esas historias, a que sus vidas se manifiesten en la narrativa de la gracia, del Reino de Dios.

EL ARTE TIENE ESTA FUNCIÓN PROFÉTICA, DE DEPURAR LOS CONCEPTOS

Como artistas, somos llamados a generar las metáforas que hoy pueden ser tan evocadoras como lo fueron para los primeros oyentes de estas historias, hace dos mil años, de labios de Jesús.

En nuestras comunidades de fe hay artistas con la capacidad de hablar del Reino de Dios con estas nuevas metáforas y parábolas para que el mundo, el cosmos al que Dios nos pide amar, pueda entender. Porque los artistas no son solo misioneros de la verdad, son misioneros de la belleza, como Jesús.

DESCARGA gratis un Bonus de este capítulo
en: **www.e625.com/artesano**

VOL. VIII

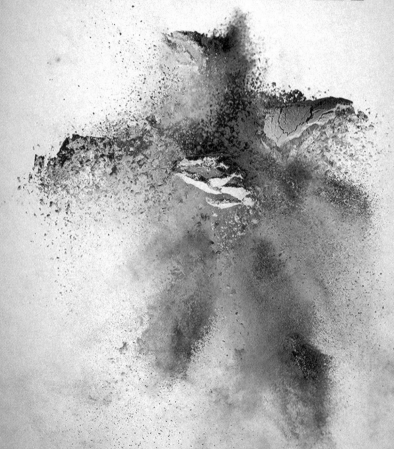

IMAGINACIÓN Y FE

"La imaginación y la fe son parientes". Eugene Peterson

JACK

A sus veintiocho años, Jack ya era una apisonadora de argumentos. Profesor de universidad extraordinariamente creativo e inteligente, se dedicaba a la enseñanza gracias a su conocimiento experto en idiomas y en literatura medieval. Además de un gran don de palabra, tenía amplios conocimientos de filosofía, sociología, historia y literatura, así como también un apabullante sentido común.

Siempre fue un niño muy inquieto intelectualmente. En su infancia, junto a su hermano Warnie, creó un mundo imaginativo llamado Boxen, habitado y gobernado por animales. Había leído mucho de Beatrix Potter, y su mente, alimentada por todos los libros que leía, no podía quedarse quieta. Jack era ateo y se jactaba de ello. Le encantaba utilizar una frase del filósofo romano Lucrecio para defender su postura: *"Si Dios hubiera diseñado el mundo, no sería un mundo tan frágil y defectuoso como lo vemos".*

Criado en una familia religiosa, cuando llegó a la cátedra de la universidad ya no creía en Dios. No obstante, años después en su biografía, afirmaría que "estaba muy molesto con Dios por no existir". Fue soldado durante la Primera Guerra Mundial, la guerra de las trincheras, y aunque en sus memorias no lo menciona demasiado, seguramente este hecho le marcó para siempre. Comenzó a estudiar en Oxford a los diecinueve años y ocho años después se convirtió en profesor de Lengua y Literatura inglesa de dicha universidad. Al poco tiempo se hizo muy amigo de otro profesor de Oxford llamado John Ronald, al que también le encantaba la literatura y la mitología. Y comenzaron a compartir horas y horas de conversación. La complicidad y el respeto que se profesaban era mutuo y disfrutaban mucho de investigar juntos acerca de la mitología nórdica o de *La divina comedia* de Dante. Solo había un pequeño problema: John Ronald era cristiano.

Más allá de esta relación de amistad, Jack estaba inmerso en una búsqueda interior de sentido y de verdad que terminó "llevándole" a creer en Dios, pero su conversión no fue repentina. Requirió un largo periodo, que culminó en un momento decisivo. Llegó a ese momento después de indagar, de conocer infinidad de metanarrativas y estando rodeado del ambiente de Oxford: racionalismo voluble y superficial, mezclado con poesías y mitos.

En una ocasión, años antes, reflexionando sobre el origen de la materia, concluyó que "la teoría más libre de objeciones" era "postular algún tipo de dios". Pero se resistía a creerlo. Como si de una partida de ajedrez se tratara, movimiento a movimiento, reflexión tras reflexión, se iba acercando. A veces desde su despacho, otras, subido en un bus. No lo buscó él, sino que fue buscado. Sus propios argumentos jugaban en su contra. Incluso su frase favorita de Lucrecio no se sostenía. Había una metanarrativa más potente que lo explicaba todo.

Poco a poco, con indicativos aquí y allá, porque ningún argumento era decisivo por sí mismo pero el peso acumulativo cada vez recaía con más fuerza, Jack se fue acercando. Aunque, en realidad, se sentía no como si él estuviera descubriendo a Dios, sino como si Dios lo estuviera descubriendo a él. Dios lo estaba buscando.

Lo que él concebía como una idea filosófica abstracta, demostró tener vida y voluntad propias. Y cada vez más se sentía como un muñeco de nieve derritiéndose.
Hasta que, en 1929, de manera inevitable, él mismo cuenta:

"...cedí, admití que Dios era Dios y, de rodillas, oré; quizá fuera, aquella noche, el converso más desalentado y remiso de toda Inglaterra. Entonces no vi lo que ahora es más fulgurante y claro: la humildad divina que acepta a un converso, incluso en tales circunstancias. Al fin, el hijo pródigo volvía a casa por su propio pie".

Jack, así le gustaba que le llamasen, en realidad solo era su apodo; su nombre verdadero era Clive Staples Lewis, más conocido como C. S. Lewis. Y el nombre completo de su amigo profesor era John Ronald Reuel Tolkien: J. R. R. Tolkien.

IMAGINA: SATURDAY NIGHT

Dios no puede ser producto de mi imaginación porque, para nada, Él es lo que yo pude imaginar de Él". C. S. Lewis

"La razón es el orden natural de la verdad; pero la imaginación es el órgano del sentido". C. S. Lewis

Aquel sábado 19 de septiembre de 1931 por la noche, Lewis había invitado a cenar a Tolkien y a otro profesor, Hugo Dyson, en el Magdalene College.

Después de la cena fueron a dar un paseo. Durante el camino, bordeando el río Cherwell, estuvieron hablando acerca del mito y la metáfora (típica conversación de profesores de literatura de universidad). Pero comenzó a llover, así que fueron a refugiarse al lugar donde Lewis se hospedaba, y la conversación continuó hasta las tres de la madrugada.

La plática derivó en hablar acerca de Dios. Y de Jesús. Se hicieron muchas preguntas, muchas respuestas y muchas preguntas acerca de esas respuestas. La conversación tuvo una importancia trascendental. Lewis afirmaría después: "He pasado de creer en Dios a creer definitivamente en Cristo, en el cristianismo (...). Mi larga charla con Dyson y Tolkien tiene mucho que ver con ello".

> **NO HAY NADA VERDADERO EN ESTE MUNDO QUE NO HAYA PASADO ANTES POR LA IMAGINACIÓN DE ALGUIEN**

Aquella noche, fue la visión de Tolkien la que le abrió los ojos a Lewis para comprender la fe cristiana. Tolkien le llevó a darse cuenta de que su problema no estaba en la incapacidad racional para entender la teoría cristiana, sino en su fracaso imaginativo para comprender su sentido. Lewis estaba usando "solo la razón" cuando debía abrirse a las intuiciones de su imaginación. Para llegar a la Verdad.

La imaginación es una posibilidad creada por Dios y por lo tanto es buena, desde el principio. Dios quiso que Adán usase su imaginación para nombrar a los animales, una tarea creativa extraordinaria. La imaginación es uno de los regalos más increíbles que Dios nos ha dado.

No hay nada que el ser humano haya inventado, ninguna iniciativa que haya ocurrido en el presente, ningún avance tecnológico, sociológico, artístico, cultural o filosófico que no haya pasado por la imaginación. Tener imaginación es muy espiritual. Porque es muy creativo. ¡Dios tiene una imaginación increíble!

Cualquier invento científico ha sido primero imaginado. Cualquier obra de teatro, película o novela primero ha sido imaginada. La imaginación es la antesala de la realidad. Sin ella sería imposible crear. No hay nada verdadero en este mundo que no haya pasado antes por la imaginación de "alguien".

Demonizar la imaginación, el pensamiento abstracto, la creatividad, es ir en contra de algo de lo que Dios dijo: "es bueno". Es como ir en contra de la inteligencia o del amor. En demasiadas ocasiones hemos querido ver al enemigo en expresiones imaginativas que no entendemos, seres inventados, planetas alternativos, mundos de fantasía, imágenes atrevidas o provocadoras... Y olvidamos que Dios no solo aprueba nuestra imaginación, sino que la fomenta.

El pensamiento abstracto, tal y como lo ejercemos los seres humanos, es único. Nos permite visualizar como existente algo "que no existe" todavía en el espacio-tiempo. Y nuestra voluntad, si quiere, lo lleva a cabo. Podemos unir objetos inconexos para darles un sentido, un propósito. Podemos construir una escalera para alcanzar una fruta en la copa de un árbol, imaginar un nuevo microprocesador, usar el fuego para cocinar alimentos, dar sentido a la vida. El pensamiento abstracto es también, por lo tanto, una puerta a la trascendencia y a la espiritualidad.

Aquella noche, Tolkien animó a Lewis a acercarse al Nuevo Testamento con la misma expectativa que lo hacía cuando leía los mitos paganos en sus estudios profesionales, pero con una diferencia abismal. Como después escribió a otro de sus amigos: "La historia de Cristo es simplemente un mito verdadero: es un mito que actúa en nosotros como los otros mitos, pero con esta tremenda diferencia: que realmente ocurrió".

Mito, para Tolkien y Lewis, debe ser entendido en su sentido literario: una narración que contiene las cosas fundamentales, los valores morales que destilan, los principios de vida que plantean. Es una historia que alberga verdades más hondas, con significado profundo para nuestro hoy.

Así, Lewis descubrió en Jesús la historia de las historias. A donde apuntaban todas las demás. De hecho, muchas narraciones paganas o de otros mitos, quizá incompletos, eran ecos o anticipaciones que tuvieron su cumplimiento o su epicentro en Jesús. *"Al Dios no conocido..."*. [51] Jesús se presenta como la metanarrativa final (y primera), como el mismo Lewis dijo: "un real destello de verdad divina que cae en la imaginación humana".

Porque la imaginación humana es un extraordinario campo fértil donde sembrar cantidad de narrativas.

Como toda herramienta, como todo campo de juego, se puede usar para mal. Es en la imaginación donde la tentación se presenta, pero también donde las mejores oportunidades de cambio se dan. Es donde prevemos el futuro, donde soñamos realidades distintas, donde Dios puede hablarnos a través de extraordinarias metáforas.

51 - Hechos 17:23 RVR95

Tolkien ayudó a Lewis a conectar los mundos de la razón y la imaginación, le dio unas gafas para ver el mundo como era. Nuestro mundo es un mundo razonable, comprensible y lleno de creatividad e imaginación. No hemos sido creados de la nada, sino desde la imaginación de Dios que, con su Palabra, es decir, con la información necesaria en un momento concreto, puesta en orden, materializó sus "ideas". Y así todo cobra sentido, las piezas sueltas de la vida, encajan.

Jesús usaba la imaginación para sus obras artísticas y apelaba a la imaginación de sus primeros oyentes: un camello pasando por el ojo de una aguja, una gallina que reúne a sus polluelos... Sus parábolas, al fin y al cabo, eran historias inventadas, imaginadas: un hijo que se escapa de casa, vuelve a los años y es recibido con honores en Lucas 15; un mayordomo infiel que, sabiendo que le van a despedir, busca ganarse amigos ahorrándoles la deuda que tenían con su señor en Lucas 16; un hombre pobre llamado Lázaro y un rico que mueren y se encuentran en el Hades (¡!), el rico ve de lejos a Lázaro con Abraham (¡!) y le pide que moje la punta de su dedo en agua para que le dé de beber...

Jesús usaba la imaginación también para hablar de sí mismo. En Juan 10 dice: *"...yo soy la puerta de las ovejas"*[52] ; o en Juan 15: *"Yo soy la vid y ustedes son las ramas"*[53]. Pero ¡Dios no es una planta! ¡Jesús no es un animal! ¡Tampoco un objeto!

Y no solo Jesús es imaginativo. Los autores del Nuevo y del Antiguo Testamento inundan de imaginación y creatividad las páginas de la Biblia. Incluso de animales mitológicos, como los dragones.

En Apocalipsis las imágenes se suceden una tras otra. Una de mis favoritas está en el capítulo 5: "Pero uno de los ancianos me dijo: No llores. Allí está el león de la tribu de Judá, la raíz de David, que con su victoria ha demostrado ser digno de romper los siete sellos del pergamino y desenrollarlo. Entonces miré. En medio del trono, de los cuatro seres vivientes y de los ancianos, estaba un Cordero de pie en el que eran visibles las heridas que le causaron la muerte".[54]

En nuestra imaginería cristiana tenemos muy interiorizada esta imagen. Nos hemos acostumbrado a muchas de esas palabras: cordero, león... pero no dejan de ser provocadoras. Observa el decorado: un trono, rodeado de ancianos, cuatro seres vivientes (que no voy a describir, pero dan mucho

---

52 - Juan 10:7
53 - Juan 15:5
54 - Apocalipsis 5:5-6

que hablar) y el protagonista: un león fuerte, seguro de sí mismo, vencedor, heredero del rey David, digno. Pero que, si te fijas bien, no es un león, sino un cordero, un Cordero herido, inocente y frágil, que fue asesinado. Pero que está vivo. La imagen es inolvidable. Un león.

Como en Narnia.

EN NARNIA

"Un adulto creativo es un niño que ha sobrevivido." Ursula K. Le Guin

C.S. Lewis, el niño que creo "Boxen", ese mundo imaginario poblado por animales, años después, tras conocer a Jesús, creó Narnia. Las crónicas de Narnia: probablemente la historia para niños que más ha influenciado directa e indirectamente en el siglo XX. El primer libro publicado, El león, la bruja y el armario, nos cuenta la historia de dos niñas y dos niños ingleses que se adentran a través de un armario en ese reino.

Y allí, en ese mundo de fantasía, reinaba un rey, que era un león, Aslan, pero que hacía tiempo que no aparecía por su reino. Y todo estaba nevado, frío; y por tanto reinaba, aparentemente, una bruja, la bruja blanca que, a cambio de la salvación de uno de los niños, Edmund, que había cedido ante la bruja, pidió la vida de Aslan. Porque según "la magia insondable", todo traidor pertenecía a la bruja. Y ni Aslan podía abolir esa ley. Solo podía dar su vida por la del traidor.

Cuando Aslan aparece y se entrega voluntariamente para salvar al niño, ocurre un milagro, "la magia más insondable". Aslan muere sacrificado en la Mesa de Piedra, pero vuelve a revivir. Cuando se reencuentra con los niños, les explica lo que ha pasado:

-Significa —respondió Aslan- que, aunque la bruja conocía la existencia de la Magia Insondable, existe una Magia Más Insondable aún que ella desconoce. Sus conocimientos se remontan únicamente a los albores del tiempo; pero si hubiera podido mirar un poco más atrás, a la quietud y la oscuridad que existía antes del amanecer del tiempo, habría leído allí un sortilegio distinto. Habría sabido que cuando una víctima voluntaria que no ha cometido ninguna traición fuera ejecutada en lugar de un traidor, la Mesa se rompería y la muerte misma efectuaría un movimiento de retroceso. Y ahora... [55]

55 - Lewis, C. S. Las crónicas de Narnia: El león, la bruja y el armario. Ed. Destino Infantil & Juvenil. Barcelona, España, 2005, (p. 201). (Obra original publicada en 1950).

Imaginación, pero verdad. Fantasía, pero más real que muchas ideologías que hoy en día pretender enseñarnos qué es "la realidad" de lo que somos y hacemos.

Porque Lewis estaba todo el tiempo hablando de Jesús y de su historia. En Narnia.

Años después de escribir las crónicas, contestando a un niño que le hizo algunas preguntas por carta acerca de sus cuentos, Lewis le dijo: "Toda la historia de Narnia se refiere a Cristo".

En esta misma carta escribe: "Supongamos que existiese un mundo como Narnia, y supongamos que Cristo quisiese ir a ese mundo y salvarlo (como lo hizo por nosotros). ¿Qué pasaría entonces? Pues *las crónicas* son mi respuesta. Como Narnia es un mundo de bestias que hablan, pensé en encarnarlo como una bestia que habla. Le di forma de león porque se supone que el león es el rey de las bestias, y Cristo es el León de Judá mencionado en la Biblia."

Apelar a la imaginación que Dios nos ha dado, igual que a la razón, es una herramienta genial para cumplir con nuestra comisión. No hacerlo sería no aprovechar los dones que un Dios bueno nos ha regalado. La imaginación es un campo de juego que le pertenece a Dios; si jugamos en él, jugamos en casa.

Imaginemos como artesanos.

Coartar a los niños, no fomentar su imaginación, su creatividad, por lo tanto, su arte, es negarles uno de los dones más increíbles que Dios les concedió. No olvidemos que de ellos es el reino de los cielos, así que no impidamos que los niños vayan a Él. Dios los diseñó para que fueran hacia Él.

Aquel sábado por la noche, el niño que había en Lewis se acercó a Jesús. Y su amigo Tolkien no se lo impidió.

Estoy convencido de que J.R.R Tolkien había imaginado ese momento hacía tiempo. Lo que no imaginaba, es que habría acercado hasta Jesús al divulgador de teología cristiana más importante del siglo XX.

EL HOBBIT y THE INKLINGS

"La fe es la seguridad de recibir lo que se espera, es estar convencido de lo que no se ve". Hebreos 11:1

Esta amistad originó una explosión literaria, un *Big Bang* en pleno siglo XX que creó universos increíbles: Narnia y también la Tierra Media, donde se dieron los acontecimientos de *El hobbit* y *El Señor de los anillos*. "Tolkien, junto a Lewis, contribuyó a una comprensión cristiana de la imaginación", sentencia Colin Duriez en la biografía que escribió sobre el primero.

Occidente se había vuelto postcristiano y estaba coqueteando con nuevas metanarrativas, con maneras diferentes de concebir el mundo. Y aunque es verdad que el arte no necesita justificación, fue inevitable que Lewis y Tolkien plasmaran su cosmovisión en los relatos y los mundos que crearon. La magnificencia de Dios se podía palpar en sus historias. Demostraron que una narración mitológica, un cuento de niños o una aventura épica podían ser formas lícitas de acercarse a las verdades reveladas desde un ángulo nuevo y atractivo.

Ambos fueron muy prolíficos. Lewis, con casi total seguridad, fue uno de los primeros, si no el primero, en leer los manuscritos de *El hobbit*, una historia sencilla quizá sin demasiadas pretensiones y juntos fundaron una comunidad creativa. Con otros amigos crearon "The Inklings", un lugar que utilizaban para comentar sus proyectos, animarse mutuamente, leer párrafos de *El Señor de los anillos,* algunos pasajes de *Las crónicas de Narnia* y otros escritos. Se juntaban al menos una vez a la semana y se animaban unos a otros para las "buenas obras".[56] Y sí, fueron muy buenas.

Frente a ese postcristianismo cultural que les rodeaba, propusieron mundos paralelos, imaginativos, propuestas artísticas dignas de ser leídas y reflexionadas y que contenían en su núcleo la razón verdadera de la fe que manifestaron de manera tan magistral: el mensaje de Jesús.

No solamente con sus relatos. Lewis escribió además muchos libros que hablaban explícitamente del cristianismo que hoy en día son mencionados por todos los autores cristianos de divulgación serios: Mero cristianismo, Cartas del diablo a su sobrino, El problema del dolor, Lo eterno sin disimulo, Los cuatro amores, Los milagros y muchos más.

Desde su fe desarrollaron su imaginación. Y es que la fe es creer y la imaginación es crear.

Aquello en que creemos, aquello en que confiamos, es el terreno donde imaginamos, desde donde creamos las realidades.

Todo lo que estos autores crearon, estas intuiciones y planteamientos, nacieron de su profundo cristianismo.

---

56 - Hebreos 10:24

Según creía Tolkien: "Los seres humanos están hechos a imagen de Dios. Dios es el Creador; los seres humanos tienen el poder de ser subcreadores". Él creía que el verdadero arte de escribir historias de hadas es una subcreación, es decir, crear otro mundo, o un mundo secundario, con tal habilidad que éste tenga una coherencia interna de realidad.

Dicho de otro modo, Dios nos propone las estructuras creativas para que nosotros, a su vez, podamos crear. ¿No es extraordinario que el Creador de todo nos ame tanto que deje un espacio a sus hijos para que creemos en Su creación? La fe es un motor inmenso de creatividad, hagamos buen uso de ella. Estemos convencidos de lo que no se ve. Escribir, imaginar, crear un mundo como la Tierra Media para Tolkien era un modo de acercarse a Dios. Escribir esa fantástica obra le daba gloria a Dios. SDG.

LA FE SIGUE CAMBIANDO AL MUNDO

Tolkien influenció, y mucho, en la obra y en la fe de Lewis. No solo en su conversión, también debido a su personal doctrina de la "subcreación", que llevó a Lewis a escribir los siete volúmenes de *Las crónicas de Narnia* (1950-1954). Siete, sí, por eso J. K. Rowling también escribió siete libros de Harry Potter, reconociendo así la alta influencia de Lewis en su obra. Tanto Tolkien como Lewis pensaban que la mejor manera de evadir el "postcristianismo" era poniendo su imaginación, ese don maravilloso de crear que Dios les había concedido, a inventar mundos capaces de mostrar esa maravilla de Dios pese a que eran universos sin aparentes paralelismos con el relato bíblico.

Tal vez, Tolkien y Lewis se veían como hobbits, con una responsabilidad muy grande, como Frodo y Sam, que debían llevar el anillo al Monte del Destino para salvar la Tierra Media.

Las comunidades creativas se siguen formando. La fe sigue generando creatividad, sigue cambiando el mundo, los mundos. No sabes lo que puedes generar hoy con una buena conversación de un sábado por la noche con un amigo, quizá le estés hablando al divulgador más importante de teología del siglo XXI.

- Pero henos aquí, igual que en las grandes historias, señor Frodo, las que realmente importan, llenas de oscuridad y de constantes peligros. Esas de las que no quieres saber el final, porque ¿cómo van a acabar bien?, ¿cómo volverá el mundo a ser lo que era después de tanta maldad como ha sufrido? Pero al final, todo es pasajero. Como esta sombra, incluso la oscuridad se acaba para dar paso a un nuevo día. Y cuando el sol brilla, brilla más radiante aún. Esas son las historias que llenan el corazón, porque tienen mucho sentido, aun cuando eres demasiado pequeño para entenderlas.

Pero creo, señor Frodo, que ya lo entiendo. Ahora lo entiendo. Los protagonistas de esas historias se rendirían si quisieran. Pero no lo hacen: siguen adelante, porque todos luchan por algo.

- ¿Por qué luchas tú ahora, Sam?

- Para que el bien reine en este mundo, señor Frodo. Se puede luchar por eso. [57]

JOSEP Y EL PILPUL: ENSEÑAR A PENSAR

Todos tenemos profesores que nos marcan por su forma de enseñar. Estudié en una escuela pública y recuerdo que, cuando yo tenía trece años, mi maestro de historia era extraordinario. Por aquel entonces también era el director del "Colegio Público Federico García Lorca" y además fue mi tutor ocho años antes, en el último curso de preescolar, cuando yo tenía cinco años. Y, además, él era cristiano, el único de un colegio con cuatrocientos alumnos aparte de mí y mi hermano pequeño. Y además era mi padre.

Josep Sampedro había estudiado historia y educación infantil y tenía a veces unas formas extrañas de educar en el aula.

En las clases de preescolar, recuerdo que de vez en cuando entraban algunos "monstruos" a la clase (en realidad eran compañeros de trabajo de mi padre, igual de locos que él, disfrazados de cosas raras) a los que les teníamos miedo al principio, pero que durante el curso se iban presentando y de los que íbamos aprendiendo que solo estaban buscando aceptación y que su condición de diferentes no nos daba derecho a despreciarles; les teníamos miedo porque no les conocíamos. Finalmente, restaurábamos su identidad y se convertían en compañeros, seres que podían habitar con nosotros en la escuela sin problemas (mi padre se adelantó veinte años a *Monstruos S. A.* de Pixar). La imaginación de un niño de cinco años es extraordinaria para anclar principios de vida para siempre.

Vivíamos en una narrativa de fantasía donde nos enseñaban valores para la vida real.

Además, en aquella época no se llamaba *bullying* pero ya había algunos niños que pretendían fastidiar a otros, ridiculizarles, golpearles o ningunearles. No existía el anglicismo, pero el abuso ya se había inventado hacía tiempo y Josep nos enseñó de maneras creativas que la comunidad podía neutralizar a cualquier "niño abusón", porque uniéndonos siempre éramos más fuertes que él. Y funcionaba. Siempre.

---

57 - Tomado de la versión cinematográfica de "El Señor de los Anillos: El Retorno del Rey".

Años después, cuando fue mi profesor de historia, recuerdo un examen para el que todos habíamos estudiado mucho, había mucho temario y estábamos a punto de entrar al instituto. Debíamos prepararnos. Acostumbrados a memorizar y luego expulsar toda la información retenida sobre el papel, nos sorprendió que, al empezar, nos dijera que podíamos usar todos los libros y apuntes que quisiéramos. El examen estaba diseñado de tal forma que lo importante era conectar conceptos, comprender cómo unas corrientes históricas habían afectado a otras y cómo en la actualidad todavía nos influenciaban esos hechos ocurridos.

La comprensión, la relación entre los conceptos, una mirada crítica a la historia y la interiorización de lo aprendido tenía más importancia que la mera memorización que, aunque útil, no era suficiente. Estaba empeñado en enseñarnos a pensar, antes que en enseñarnos qué pensar.

Otro examen consistió en darnos una página en blanco donde debíamos elaborar las preguntas más complejas e interesantes de acuerdo al temario. Debíamos responder con preguntas, buenas preguntas. Porque el que sabe hacer buenas preguntas es que ha entendido el contenido, lo ha comprendido y quiere ir más allá.

Pero esto no lo inventó mi padre.

Los rabinos tenían un sistema de aprendizaje y de discusión parecido. Para hacer crecer y pensar a sus discípulos les hacían preguntas, y ellos respondían con más preguntas acerca del tema a discutir, intentando ver todos los ángulos del problema, deshilachando la problemática hasta intentar alcanzar la máxima claridad posible, conectándolo con su realidad y con otros textos paralelos. Era como un partido de tenis teológico.

Esta técnica, dentro del judaísmo rabínico, fue desarrollándose durante siglos para estudiar el Talmud y fue denominada "Pilpul", un nombre muy curioso. En mi mentalidad española me resulta hasta simpático. Y es, en esencia, como un juego de preguntas y respuestas, preguntas y contra-preguntas, idas y venidas, para enseñar a pensar. Una de las maneras más prácticas para crecer y ampliar nuestra visión.

El Pilpul, un buen deporte intelectual.

Así, vemos a Jesús con doce años aprendiendo:

*"Después de tres días, lo encontraron en el templo, sentado entre los maestros de la ley, **escuchándolos y haciéndoles preguntas**. Todos los que lo oían se quedaban asombrados de su inteligencia y de sus **respuestas**".* [58]

Pilpul.

Y ya ejerciendo el ministerio vemos esta dinámica en las discusiones entre los maestros de la ley y Jesús:

*"Le **preguntaron**: - ¿Quién te dio autoridad para hacer lo que haces?*
*-Les diré con qué autoridad hago esto - les contestó Jesús -, si ustedes me responden a otra **pregunta**. El bautismo que Juan practicaba, ¿era de Dios o de los hombres? ¡Contéstenme!".* [59]

Pilpul.

"- Dinos, ¿debe uno pagar impuestos al gobierno romano?   **Pil...**
*Jesús, que sabía lo que se traían entre manos, les dijo: - ¡Hipócritas! ¿A quién se creen que están tratando de engañar con **preguntas** como ésas? Enséñenme una moneda. Y ellos le mostraron una moneda romana de plata. - ¿De quién dice ahí que es esa imagen? - les **preguntó**.   **Pul.***
*- Del César- respondieron.   **Pil...***
-Pues denle al César lo que es del César y a Dios lo que es Dios".. [60]   **Pul.**

Y enseñando a sus discípulos:

*"... - ¿Quién dice la gente que soy?   **Pil...***
*-Bueno - le respondieron-, algunos dicen que eres Juan el Bautista; otros, que eres Elías; y otros, que eres Jeremías o alguno de los profetas.   **Pul.***
*5. ¿Y quién creen ustedes que soy?   **Pil...***
- ¡Tú eres el Cristo, el Mesías, el Hijo del Dios viviente! - respondió Simón Pedro" [61]   **MegaPul.**

Estos encuentros jamás se olvidaban, eran extremadamente pedagógicos y obligaban a los oyentes o interlocutores a ir más allá de sus ideas preconcebidas, abrir sus horizontes de pensamiento y generar nuevas ideas. Enseñar a pensar.

---

58 - Lucas 2:46-47 [énfasis del autor]
59 - Marcos 11:28-30 [énfasis del autor]
60 - Mateo 22:17-21 [énfasis del autor]
61 - Mateo 16:13-16

La Iglesia, sin duda heredera de esta tradición de Jesús, debería dar la bienvenida a las preguntas, al diálogo, al Pilpul. A grupos pequeños donde vale equivocarse, corregir, decir lo que se piensa y en donde se puede buscar juntos respuestas, viendo los distintos ángulos de una verdad, descubriendo juntos los textos, peleándonos con él, haciendo uso de nuestra imaginación. Para ello hacen falta maestros que generen ese ambiente de aprendizaje, creatividad y descubrimiento. Artesanos de la educación como Jesús, el mayor pedagogo de la historia. *Pilpul*.

LA IGLESIA DEBERÍA DAR LA BIENVENIDA A LAS PREGUNTAS

En la estantería de libros en mi casa, con diez años, encontré los libros de *El señor de los anillos* y empecé a leer; también los de Isaac Asimov y sus galaxias. Descubrí a Francis Schaeffer y a muchos más. Comencé a hacer preguntas y a crecer. Mi padre siempre me dijo: no le tengas miedo a la verdad, porque detrás de toda verdad "verdadera", encontrarás a Jesús. Y eso hice.

Después de un cáncer, tres operaciones y un proceso familiar largo de dolor, recuperación y esperanza, mi padre terminó convirtiéndose en pastor de la iglesia en la que sirvo hoy. Nuestro lema es "una iglesia donde cada uno ocupe su lugar". Sigue empeñado en enseñarnos a pensar, antes que qué pensar. Queremos ser una comunidad creativa donde quepan las preguntas, la imaginación, la fe y el *Pilpul*. Aunque seas un monstruo, como yo, puedes estar a los pies del Maestro.

DESCARGA gratis un Bonus de este capítulo
en: **www.e625.com/artesano**

VOL. IX

EL ARTE DE LA CIENCIA Y LA JUSTICIA

"No existe un milímetro cuadrado en todo el dominio de nuestra humana existencia sobre el cual Cristo, quien es soberano sobre todo, no grite: ¡Mío!".
Abraham Kuyper

DOS LIBROS: EL DIOS DE LA CIENCIA

"El gran libro de la naturaleza está escrito en símbolos matemáticos". Galileo Galilei

"Desde que el mundo fue creado, la humanidad ha contemplado cómo toda la creación le muestra el eterno poder de Dios y el hecho de que él es verdaderamente Dios. Así, lo invisible de Dios se deja ver por medio de la creación visible, por lo que nadie podrá excusarse diciendo que no sabía si Dios existía o no". Romanos 1:20

Los libros son un ecosistema en el que me encanta vivir. Me rodeo de ellos, los compro, los acumulo, los organizo, los distribuyo por mi casa de manera aleatoria (mi mujer dice que tengo la manía de ir dejándolos por cada estancia de la casa, incluidos los baños). Pero lo importante no es su estructura física, su papel y su tinta, sino su contenido, lo que "dicen".

Profundizar en el conocimiento acumulado de la humanidad es como surfear; comprender el contexto en el que estás, siempre cambiante, siempre con movimiento ondulante e intentar, sobre ellos, avanzar, disfrutar. Literalmente, andar sobre el mar. Vivo rodeado de un mundo de lenguaje y significado que me encanta descubrir. Es parte de ser humano. Es ser siempre un explorador.

Esos libros están escritos por personas que soy capaz de entender, comparto con ellas un código que soy capaz de descifrar: un alfabeto, un idioma, un sentido de las frases y los párrafos, y objetos comunes para comprender sus propuestas. No son páginas sin sentido, su significado es claro, por eso los compro. Amplío mi conocimiento y, usándolo bien, mejoro mi vida y comprendo mejor el mundo. Y así, puedo crear mejor, en diálogo con la realidad, si hago una buena interpretación de su contenido. Pero eso depende más de cómo me acerco yo a ellos, de mis prejuicios acerca de los autores, o de mis expectativas cuando los leo y de las preguntas o situaciones que estoy viviendo.

Así son los libros. Así es mi relación con ellos.

Galileo Galilei (1564-1642) vivía rodeado de libros. Pero, para él, dos eran los fundamentales. La Biblia, era el libro, según él, que fue dictado por el Espíritu Santo. Y lo conocía muy bien. Lo menciona en múltiples ocasiones en sus cartas. Galileo era un hombre de profunda fe en Jesús y con una espiritualidad viva. Pero no solo conocía la Escritura. Era matemático, ingeniero, físico, astrónomo y filósofo. Así que, el segundo libro que quería leer era el de la naturaleza. Y a los dos libros los consideraba emanaciones de la Palabra Divina.

La Biblia habla en muchos lugares de que la creación "habla de Dios", de su grandeza, de su inteligencia, su creatividad, y su poder. De su belleza. La naturaleza no solamente entendida como lo que vemos en los bosques, sino "todo lo creado". El ser humano incluido, que está hecho a imagen de Dios. Su psicología, las relaciones sociales, la física y la química, la antropología, los astros: los cielos cuentan la gloria de Dios.

Galileo se propuso, en base a este libro divino de la creación, retomar una teoría que había sido descartada unas décadas antes. Quería demostrar, a través del método de la observación, que era "verdadera" y, por lo tanto, de Dios. Se trataba de la teoría heliocéntrica de Nicolás Copérnico.

Nicolás fue un monje polaco del siglo XV que formuló esta teoría sobre el sistema solar, que había sido ya concebida por Aristarco de Samos mucho tiempo atrás, en el siglo III a. C. Pero la "comunidad científica" de la época descartó esta hipótesis.

Galileo, después de usar el telescopio (un bien cultural sin el cual no hubiese sido posible el avance en esta materia y que había sido recientemente inventado) y observar el universo, llegó a la conclusión de que la Tierra se movía alrededor del Sol. Esta afirmación es conocida como el giro copernicano de la ciencia: la Tierra no es el centro del universo. Algunos necesitamos un giro copernicano personalizado. En fin.

La verdad puede mover el mundo.

Esto acarreó mucha oposición. Contrariamente a la creencia de que fue la Iglesia la que se opuso, en realidad fueron otros "científicos" (aunque ese término todavía no se usaba) los que más pronto levantaron la voz. La Iglesia en aquella época estaba a la vanguardia de las investigaciones.

Eran devotos creyentes los que seguían investigando. La teoría de Kuhn de los paradigmas (Vol. IV), y cómo éstos cambian en la ciencia, explica mejor que la narrativa "Iglesia vs. ciencia" lo que ocurrió. Es una leyenda urbana el hecho de que la Iglesia estuviese en contra del conocimiento.

Fue "dentro de la Iglesia" que se dio este diálogo que derivó en enfrentamiento, la Iglesia fue el campo de batalla de los diferentes paradigmas científicos. Tristemente, al final, se impuso la idea tradicional del geocentrismo. Galileo, como parte de la Iglesia, continuó sus investigaciones y fue censurado, apartado, marginado, pero siguió insistiendo. "En las ciencias, la autoridad de miles de opiniones no vale tanto como una pequeña chispa de la razón de uno solo", afirmaba. Él estaba convencido de que tenía una vocación de Dios para hacer lo que estaba haciendo. Que el descubrimiento de la verdad no depende de los consensos de miles de opiniones. Que la mayoría puede estar equivocada. Galileo sabía que la verdad no se trataba de la "teoría con más aceptación". Había que descubrir, con la inteligencia, esa herramienta creativa que tenemos y que da sentido a lo que observamos, el libro que había escrito un Dios inteligente y razonable para que lo "leyésemos".

Así nosotros, sin necesidad de amoldarnos a la mayoría, somos llamados a leer todos los libros que Dios pone en nuestras manos, aunque sea contracultural, e ir a contracorriente. Este universo tiene sentido, lo podemos "leer".

¡Cuánto daño ha hecho la narrativa de que la ciencia se fundó enfrentándose a la Iglesia! ¡Todo lo contrario! Fueron personas inspiradas en el Dios que planteaba la Escritura que vieron razonable adquirir conocimientos con la observación inteligente, la "lectura" del libro de la naturaleza. El conflicto, obviamente, estuvo presente; somos humanos, por lo tanto, erramos. Galileo solía decir: "Aunque la Escritura no puede errar, sus expositores e intérpretes están sujetos al error de muchas maneras".

Y ese mal sigue vigente.

Demasiadas veces nos equivocamos en la lectura de "los libros" que Dios ha dejado a nuestra disposición. Incluso la Biblia, que se ha usado para mucho bien, pero también para mucho mal, como defender la esclavitud o las cruzadas, el racismo o la conquista de pueblos y la evangelización a la fuerza. Porque, aunque es "buena", puede usarse para mal. Igualmente la ciencia, que aunque es "buena" también se ha usado para malos propósitos, no tan diferentes de los arriba mencionados.

Necesitamos una lectura sabia, artesana, de los libros que tenemos. "No me siento obligado a creer que Dios, que nos ha dotado de inteligencia, sentido común y raciocinio, quiera como objetivo privarnos de su uso". Galileo tenía razón. Hemos confundido la espiritualidad con lo místico, lo oculto, lo antiintelectual, pero no olvidemos que Dios es *luz* y que uno de los ejercicios más espirituales que podemos llevar a cabo es pensar, investigar, experimentar, razonar. Todo ello fruto de dones que Dios nos ha dado, y cuyo ejercicio sano y saludable da gloria a Dios. "La inteligencia humana es una obra de Dios, y una de las más excelentes", dijo Johannes Kepler, astrónomo alemán y teólogo protestante que Galileo conocía en persona.

Malinterpretar los libros puede tener consecuencias terribles. Pero comprenderlos cabalmente, leerlos con inteligencia y bondad, acercan al ser humano al propósito para el cual fue creado. Amplía sus horizontes.

En algún momento del camino, la Iglesia perdió esta vocación, pero podemos recuperarla. La existencia de Dios como tal, un Dios razonable e inteligente, es el fundamento de la ciencia que se desarrolló en occidente gracias al caldo de cultivo que el cristianismo ofrecía. Necesitamos buenos lectores e intérpretes de la Biblia, con vocación "clerical", intentando conocer la verdad y compartiéndola con los demás. Una mala praxis, una mala exégesis en ese sentido, tiene consecuencias funestas, no solo para la Iglesia, sino para el mundo. Distorsionarían la verdad.

Pero también necesitamos mujeres y hombres que, con el mismo llamado de ese Dios, lean e interpreten bien el libro de la naturaleza, intentando conocer la verdad, enviados por Dios, y compartiéndola con los demás. Una mala praxis, una mala exégesis en ese sentido tiene consecuencias funestas para el mundo. Distorsionarían la verdad.

Hoy más que nunca necesitamos enviar misioneros a las ciencias para que sean sal, luz y ciudades que no se pueden esconder en un mundo que destruye la imagen de Dios en la Tierra, que la intenta ocultar, para no leer el libro. Ninguno de los dos libros de los que ya hemos hablado.

Porque este es su mundo, no podemos escaparnos de los mensajes que Dios nos envía por todas partes. Solo destrozando, ocultando las evidencias, dejando la inteligencia y lo razonable a un lado, distorsionando la imagen de Dios en la Tierra, es decir, al ser humano para que se aleje lo máximo posible de su diseño original, es posible "luchar" temporalmente frente a la verdad. El campo de juego de las evidencias, de la argumentación, del razonamiento, es creación de Dios. De nuevo, jugamos en casa. No podemos tener complejos.

Pero para hacer esas lecturas inteligentes de la naturaleza necesitamos dinamismo, nuevos esquemas, creatividad para formular a la creación las preguntas oportunas, imaginando nuevos planteamientos e hipótesis. Se necesita mucho arte para ser un buen científico. Porque la creatividad no es posesión exclusiva de los artistas. Es un regalo para todo ser humano y, en muchos campos, este don extraordinario ha dado frutos para añadirle valor a la humanidad, para bendecir a muchos. Así es la creatividad divina, potencial en estado puro, en todas las áreas. Y las consecuencias son siempre buenas, son benditas.

El propósito de la creatividad y la disciplina en el arte es generar belleza, expresividad; la creatividad en la ciencia genera verdad, conocimiento; la creatividad en las relaciones sociales genera justicia, paz y gozo. La creatividad, en definitiva, genera vida. Como en el principio. Siempre y cuando se ejerza desde el Bien, haciéndolo bien. Si no, generará fealdad, inexpresividad, mentira e injusticia, guerra y tristeza.

HOY MÁS QUE NUNCA NECESITAMOS ENVIAR MISIONEROS A LAS CIENCIAS

Galileo hizo muchos más descubrimientos, y sirvió a la humanidad mostrando la verdad de Dios. Gracias a su vocación, a su "inspiración", pudimos entender mejor los dos libros que a él le encantaba leer. Al final de sus días, después de muchas luchas, de "contender por la verdad", de servir a Dios y al prójimo, cuando estaba llegando a la meta, escribió:

"Para el Señor, a quien adoro y agradezco,
que gobierna los cielos con su párpado
a Él vuelvo cansado, pero lleno de vida".

ESPIRITUALIDAD DE LABORATORIO

"Algún día, la posteridad se reirá de la necedad de los filósofos materialistas modernos. Cuanto más estudio la naturaleza, más sorprendido estoy de la obra del creador. Yo oro mientras estoy ocupado en mi trabajo en el laboratorio". Louis Pasteur

En este mundo roto, una de las consecuencias más graves de nuestra ruptura es la enfermedad. No la entendemos, nos rebelamos frente a ella. Sanar es una de las acciones que más caracterizaban a Jesús.

Sin duda, en el mundo de la medicina ha habido muchos discípulos de Jesús. A ellos debemos el invento de los hospitales y la preocupación por los enfermos, la importancia del cuidado de los débiles, y el no abandonar a su suerte a aquellos que sufren.

La investigación médica y biológica es una manera extraordinaria de hacer la voluntad de restauración de Dios en la Tierra, es un acto muy espiritual. Y puede bendecir a muchos. La ciencia, la verdad de Dios puesta en práctica, beneficia a todos, sean creyentes o no. Forma parte de ese concepto teológico de "gracia común", una gracia para todos, sin excepción, porque Dios hace salir el sol sobre justos e injustos. La salud es un bien para todos, sin hacer acepción de personas. Así es nuestro Dios.

Louis Pasteur lo tenía muy claro. En la Francia del siglo XIX, donde todo había sido "revolucionado", este químico y bacteriólogo hizo descubrimientos extraordinarios que salvaron millones de vidas.

Gracias a él, por ejemplo, podemos contar hoy en día con la técnica de la pasteurización.

En su juventud no fue un estudiante brillante, aunque demostraba buenas aptitudes en el área artística de... ¡la pintura! Su primera vocación era ser profesor de arte.

En 1842 obtuvo su título de bachillerato con una calificación mediocre en química. Años después se convirtió en profesor en el Liceo de Dijon, aunque su verdadero interés era... ¡la química! Aun así, la vena artística le acompañó durante toda su vida. Promulgó la "ley de Biogénesis": todo ser vivo proviene de otro ser vivo preexistente.

Algunos de los contemporáneos de Louis insistían en que la fermentación era un proceso químico, que no requería de la intervención de ningún organismo vivo. Es decir, las cosas se pudrían por sí solas; las enfermedades, de alguna manera, "surgían". La leche se echaba a perder por cuestiones químicas, nada más.

En 1864 comenzó sus investigaciones al amparo del emperador Napoleón III para averiguar por qué el vino, la cerveza y otros productos se agriaban con el paso del tiempo, dado que las empresas francesas tenían grandes pérdidas económicas a causa de ello. En su pueblo natal descubrió que estos fenómenos eran causados por microorganismos: la levadura y una bacteria, que eran la clave del proceso de fermentación. Sí, la levadura es un ser vivo.

Y esto es alucinante. Y el proceso de fermentación, de reproducción de la levadura, o de cómo genera alcohol para hacer buen vino de un simple zumo de uva, es todavía más increíble, por su sencillez y elegancia.

Louis demostró que la generación espontánea de vida no tenía ningún sentido. Se opuso a la corriente de la época, una época en efervescencia donde El origen de las especies de Charles Darwin estaba cambiando las normas del juego. Todos apostaban a que la vida venía de la materia. Pasteur demostró que estaban hablando demasiado precipitadamente: "He estado buscando por la generación espontánea durante veinte años sin descubrirla.

No, no la juzgo imposible. Pero ¿con qué derecho la hacen el origen de la vida? Ustedes ponen a la materia antes que a la vida y dicen que la materia ha existido por toda la eternidad. ¿Cómo saben que el progreso incesante de la ciencia no nos obligará a los científicos a afirmar que la Vida ha existido durante toda la eternidad, y no la materia?" Brillante. La materia ha surgido de la Vida, no la vida de la materia. La creatividad, el creador, antecede a la creación.

Este científico con alma de pintor sabía lo que decía. Descubrió vacunas contra el ántrax, la rabia y el cólera, y su proceso de pasteurización ayudo y salvó millones de vidas. Gracias a su método se eliminaban los microorganismos causantes de la tuberculosis, la fiebre escarlata, la salmonelosis, las fiebres tifoideas, la difteria, la polio... (esto parece una lista de las posibles enfermedades que aparecen en todos los capítulos de "House").

LA CIENCIA LLEVA A LOS HOMBRES MÁS CERCA DE DIOS

A Galileo le encantaba leer el libro de la naturaleza con telescopio. Pasteur prefirió leer la "letra pequeña", esa que casi nadie lee a pie de página pero que a veces tiene las condiciones del contrato que más nos interesan. Con microscopio. Y llegó a esta conclusión:

"Cuanto más estudio la naturaleza, más me quedo sorprendido por la obra del Creador. La ciencia lleva a los hombres más cerca de Dios".

Era el mismo libro, pero desde otro punto de vista.

Su trabajo incansable trajo mucho bien al mundo entero. Mientras algunos teorizaban sobre orígenes, buscando un ancla para sus teorías, Louis Pasteur hacía el bien. Hacía su obra de arte desde la ciencia. Sus obras fueron "microscópicas", pero con consecuencias mundiales. Tuvo momentos muy dolorosos durante su vida, pero su fe en Dios jamás se vio truncada. Fue, hasta sus últimos días, la levadura que leuda toda la masa.

Desde la humildad, sin hacer demasiado ruido, un ser vivo sencillo, pero capaz de afectar todo su entorno. Como la Iglesia, su vocación de transformar el agua en vino, aun cuando está siendo ahogada y le falta oxígeno, porque es ahí cuando se produce la fermentación. Y con la sencillez que debe caracterizarla.

Louis Pasteur, en medio de toda la oposición leudó toda la masa. Y además de obrar, no calló. Aprovechaba cada vez que le daban la oportunidad para dar un discurso y expresar su fe, la razón de sus obras. Cuando, en 1882 le nombraron miembro de la Academia Francesa de la lengua dijo, entre otras muchas cosas:

"¡Bienaventurado aquel que lleva dentro de sí a un Dios, un ideal, y lo obedece: ¡el ideal del arte, el ideal de ciencia, el ideal de las virtudes del Evangelio! Estos son los manantiales de los grandes pensamientos. Todas estas reflexiones reflejan la luz del infinito...".

Al final de su vida, en su último discurso público, Pasteur nos habló, en un sentido, a nosotros, al legado que quería dejar. Hoy, lo escuchamos:

"Ustedes, hombres jóvenes, médicos y científicos del futuro: no se dejen contaminar por un escepticismo estéril, ni se dejen desanimar por la tristeza de ciertas horas que se arrastran sobre las naciones. No se enfaden contra sus oponentes, porque nunca ninguna teoría científica ha sido aceptada sin oposición. Vivan en la paz serena de las bibliotecas y laboratorios. Díganse a sí mismos, en primer lugar: ¿qué he hecho para mi instrucción?, y a medida que avancen poco a poco: ¿qué estoy logrando?, hasta que llegue el momento en que ustedes puedan tener la inmensa alegría de pensar que han contribuido de alguna manera al bienestar y el progreso de la humanidad".

EL AFRICANO

"Hazme santo, pero no todavía". San Agustín (antes de ser San)

África es muy grande. Hay muchas Áfricas, en realidad. Agustín era un joven inquieto del norte de África, nació en Tagaste, en la actual Argelia. O sea, hoy sería argelino.

Más de mil años antes de Galileo Galilei y Pasteur, ya había gente haciéndose preguntas dentro de la Iglesia, examinando cómo era el mundo y cómo éramos nosotros, aunque sin demasiadas herramientas que ayudaran a observar.

Agustín se ganó el nombre de "el doctor de la gracia". Su profundidad teológica y de análisis lo convirtieron en el máximo pensador del primer milenio del cristianismo. Pero antes de ser "San Agustín", su vida dio muchas vueltas. Siendo joven, en el siglo IV, demostró un gran talento en la retórica, la gramática, la literatura, la poesía y la filosofía. Y poseía gran elocuencia.

Le encantaba recibir halagos y disfrutar de la fama. Ganaba certámenes públicos en diversas ciudades usando sus talentos. A los diecinueve años descubrió un libro de Cicerón y se centró en el estudio de la filosofía. Durante aquella época conoció a una mujer con la que comenzó a vivir en "concubinato" (busca lo que eso significa) y con la que daba rienda suelta a su sensualidad. En su búsqueda de la verdad, pasó de una escuela filosófica a otra, hasta abrazar el maniqueísmo, una religión o sistema religioso de carácter universalista y de origen persa. Pero seguía teniendo inquietudes de todo tipo. Tenía serias dudas acerca de esta doctrina y, totalmente frustrado, fue a Roma. Allí enfermó gravemente. Cuando se recuperó fue nombrado maestro de retórica en Milán. Mientras tanto, su madre Mónica, que de pequeño le enseñó el camino de Jesús, oraba y lloraba por él. Su hijo andaba, en muchos sentidos, perdido. Iba y venía.

En Milán, como maniqueo y orador imperial, tenía por rival en oratoria al obispo de Milán, Ambrosio. No obstante, comenzó a visitar sus reuniones y celebraciones, quedando admirado de sus prédicas y de su corazón. Éste le presentó los textos de Pablo y, a través de ellos, Agustín conoció la gracia de Dios. Un día, estando en un jardín, escuchó una voz que le dijo: toma y lee. Lo entendió como una invitación divina. Tomó una Biblia y sus ojos fueron a parar a Romanos 13:13-14. Después de meditar en el pasaje decidió "cambiarse" para siempre.

Años más tarde, Agustín se llamará a sí mismo "el hijo de las lágrimas de su madre". Volcó todas sus inquietudes intelectuales al estudio de Dios, de la Palabra y de la filosofía. Y fue un escritor muy prolífico. Dos de sus obras más conocidas son *Confesiones* y *Ciudad de Dios*.

Su libro *Confesiones* es una introspección extraordinaria en la que hablará mucho acerca de su psicología, de la memoria y de sus experiencias; de cómo se equivocaba y cómo llegó a la fe. Su sinceridad era desgarradora y ejemplar para muchos autores futuros. Examinándose a sí mismo, llego a la siguiente conclusión: *"si enum fallor, sum"*, si me equivoco existo. Más de mil años después, Descartes, que descubrió la autoconciencia, señalando el inicio de la filosofía moderna, copió de Agustín su principio fundamental, transformándolo en *"cogito, ergo sum"*, pienso luego existo. Su influencia llega hasta hoy.

Es en ese libro donde encontramos la frase que encabeza esta historia, de su época anterior al cristianismo. Él oraba: "Señor, hazme santo, pero no todavía". No sabía que la santidad potenciaría quién es él, no lo limitaría. La santidad es revolucionaria y creativa. No te limita, te expande, te "convierte" en el "tú" que Dios pensó que fueras.

Aún más. El proceso de San Agustín le había llevado de la fe de su niñez al mero uso de la razón, y de nuevo, volvió a la fe. Pero no se casaba con ninguna de las dos ideas independientemente. Viviendo en la tensión entre la razón y la fe, supo compaginar ambas perspectivas, intentando comprender la paradoja.

Por eso, a los racionalistas les decía: *crede ut intelligas* (cree para comprender), y a los fideístas, los que solo quieren creer sin razonar: *intellige ut cerdas* (comprende para creer). Esta discusión sigue hoy vigente. San Agustín quiso comprender el contenido de su fe, demostrar la credibilidad de ella y profundizar en sus enseñanzas. Su fe era una fe razonable.

El principio de este libro sobre su vida, que es una oda a la gracia incansable de Dios con él, refleja perfectamente esta tensión, además de que es un principio precioso, a la altura de la primera página de Cien años de soledad. Y más evocador. Está en español antiguo, mucho mejor:

"...porque nos criasteis para Vos, y está inquieto nuestro corazón hasta que descanse en Vos.
Pero enseñadme, Señor, y haced que entienda si debe ser primero el invocaros que el
alabaros, y antes el conoceros que el invocaros.
Mas ¿quién os invocará sin conoceros?, porque así se expondría a invocar otra cosa muy diferente de Vos, el que sin conoceros os invocara y llamara. O decidme, si es menester antes invocaros, para poder conoceros.
Mas ¿cómo os han de invocar, sin haber antes creído en Vos?, y ¿cómo han de creer, si no han tenido quien les predique y les dé conocimiento de Vos? Pero también es cierto que alabarán al Señor los que le buscan: porque los que le busquen, le hallarán, y luego que le hallen, le alabarán. Pues concededme, Señor, que os busque yo invocándoos, y que os invoque creyendo en Vos, pues ya me habéis sido anunciado y predicado. Mi fe, Señor, os invoca: la fe, digo, que Vos me habéis dado e inspirado por la humanidad de vuestro santísimo Hijo, y por el ministerio de vuestros apóstoles y predicadores". [62]

Arte en estado puro, lo tiene todo: sinceridad, belleza, preguntas, profundidad y una propuesta de cosmovisión, una metanarrativa de gracia que inundó toda su vida.

Sus intuiciones también son geniales. Científicos como Roger Penrose y Paul Davies, reconocidos mundialmente en el pasado siglo, nos dicen que San Agustín se adelantó mil quinientos años a Albert Einstein y a su teoría de la relatividad, porque afirmó que el universo no nació EN el tiempo, sino CON el tiempo, que el tiempo y el universo surgieron a la vez, considerando el tiempo una dimensión más del universo. Sus observaciones sobre el interior de la mente humana son perspicaces y muy bíblicas. Cuando lees Confesiones, te encuentras con un libro de alguien vulnerable pero extremadamente inteligente y analítico, y te cuesta muy poco empatizar y sentirte identificado con sus problemáticas, sus circunstancias y comprender cómo somos todos.

62 - San Agustín. Confesiones. Rocha Ediciones. Madrid, España, 1972. (pp. 23-24).

Y sobre todo observas que Dios fue el que le persiguió a él, aunque él dijera que iba persiguiendo la verdad. No es casual que Martín Lutero fuera un monje agustino y siguiera la estela de la sola *gratia* de este "Padre de la Iglesia" africano. "El doctor de la gracia". Porque la gracia lo sanó. Solo así pudo ser "San".

Y ahora, hablemos de su ciudad.

CIUDAD DE DIOS: WILLIAM WILBERFORCE Y TÚ TAMBIÉN

"Sin duda, los principios del cristianismo llevan a la acción, así como la meditación".
William Wilberforce

Hace algún tiempo atrás, hice un viaje misionero a Nairobi, la capital de Kenia, con una organización cristiana llamada "Compassion", cuyo fin es liberar de la pobreza a los niños en el nombre de Jesús.

Pudimos visitar algunos *slums*, suburbios sin siquiera las condiciones básicas para vivir, con un índice de extrema pobreza altísima. Uno de ellos, Mathare, supuso para mí un baño de realidad. Contiene más de setecientos mil habitantes (el mismo tamaño que mi ciudad, Valencia) y allí te sientes desbordado ante la necesidad.

No sabes por dónde empezar. Pude conocer verdaderos héroes de la fe, que probablemente nunca pisen un escenario para mostrar sus dones, pero que sin duda están haciendo verdaderas "obras" de arte, a través de la justicia. Trabajo de artesanos de verdad, sin cámaras, sin aplausos, sin palmadas en la espalda. Trabajando en el taller de la necesidad. En medio de la miseria, hay iglesias locales que asisten a niñas y niños, ofreciéndoles escolaridad, salud física, emocional y espiritual. Y una oportunidad para salir adelante.

Si no son rescatados, muchos de ellos con doce años comenzarán a traficar con drogas y a robar para sostenerse, y un porcentaje altísimo no llegan vivos a los dieciocho años. Mientras tanto, las niñas se quedan embarazadas, son vendidas para ser prostituidas, y algunas de ellas pueden ser abuelas con veinticinco años.

Sus condiciones de vida están muy por debajo de lo que humanamente deberíamos permitir. Literalmente, no hay ninguna oportunidad de salir de esa pobreza, de esa esclavitud que está velada, a menos que ocurra un milagro. Toda una "ciudad" llena de pobreza, injusticia y falta de oportunidades. Aun así, hay una luz que brilla. Muchas pequeñas luces.

Esos *slums* son muy parecidos a las favelas en Brasil. Existe concretamente una en Río de Janeiro conocida como "ciudad de Dios" (una gran ironía), la cual fue magistralmente retratada en una película con el mismo nombre que se estrenó en 2002 y que tuvo una gran aceptación por parte de la crítica y del público.

En ella se refleja lo terrible de la vivencia en una "ciudad" creada por los hombres, y donde la esperanza es imposible. Río de Janeiro, Nairobi, Daca en Bangladesh, Calcuta en India... Ciudades de hombres llenas de injusticia. Con una esclavitud que creíamos superada, pero que hoy en día supone la cifra más alta de la historia de la humanidad. Estamos hablando de que actualmente existen más de cuarenta millones de esclavos en el mundo. Eso es como toda la población de Argentina. Y no solo en países más o menos lejanos, también en los nuestros. La esclavitud está por todas partes.

San Agustín, en su libro *Ciudad de Dios*, explica que en la historia coexisten la Ciudad del Hombre, focalizada en el egoísmo, y la Ciudad de Dios, que se va construyendo en el amor a Dios y a los demás, donde se practican las virtudes, en especial la caridad y la justicia. Para él, ni Roma ni ningún estado eran una realidad divina o eterna, o con valor en sí mismas. Si no busca la justicia, es un fraude. Los estados no son eternos, las personas sí.

Para Agustín, la ciudad de Dios no se identifica meramente con la Iglesia del mundo presente como institución, sino que es la meta hacia donde se encamina la humanidad, y está destinada a los justos. Si vemos la historia bajo este prisma, nos encontraremos con que podemos construir dos tipos de sociedades, dos maneras de ver el mundo. Sin duda, nuestro egoísmo ha traído todas las consecuencias que he mencionado antes, pero aún podemos soñar y llevar a cabo la verdadera ciudad de Dios, basada en la justicia, que trae como consecuencia paz y gozo y una sociedad más humana.

William Wilberforce, el famoso cristiano político de Inglaterra de finales del siglo XVIII y principios del XIX, presentó durante dieciocho años periódicamente mociones anti-esclavitud en el parlamento británico para la abolición de la esclavitud en todo el imperio. Desde 1791 hasta 1807, año en que su proyecto de ley fue aprobado. Aunque ese año la trata de esclavos fue abolida, esto no liberó a los que ya lo eran. No fue sino hasta 1833 cuando se aprobó el acta que daba libertad a todos los esclavos en el Imperio británico.

En aquella época, la economía de Inglaterra estaba basada fundamentalmente en el comercio de esclavos y abolir la esclavitud fue no solamente un trabajo político en el parlamento, también se necesitó de mucha concienciación por las calles, panfletos, conferencias y todo esfuerzo posible con tal de transformar la opinión de la sociedad. Wilberforce estaba convencido de la igualdad que la Escritura promulgaba sobre todos los seres humanos, y como político se dejó la salud con tal de bendecir al mundo entero, tratando de construir esa verdadera ciudad de Dios en todo el Imperio británico. Aunque quedó mucho trabajo por hacer, eso supuso una revolución en las leyes que ayudaron a los movimientos posteriores por la igualdad en todo el mundo. Su fe le impulsó a tener "sed de justicia" y una de sus frases más célebres fue "una fe privada que no actúa frente a la opresión no es fe en absoluto".

Sea cual sea nuestro campo de actuación —en las artes, en las ciencias, en la política, en los movimientos sociales—, un artesano de la justicia que tiene fe en Jesús no puede quedarse indiferente. Es nuestro llamado, es la ciudad que hemos sido llamados a construir. Si nuestra vida no contribuye a ello, quizá debamos repensar el sentido de qué somos como Iglesia. Es decir, quién soy yo y tú también. U2.

> **SEA CUAL SEA NUESTRO CAMPO DE ACTUACIÓN, UN ARTESANO DE LA JUSTICIA QUE TIENE FE EN JESÚS NO PUEDE QUEDARSE INDIFERENTE.**

Como dijo William Wilberforce: "Visto todo esto, puedes voltear a ver hacia otro lado, pero nunca podrás decir de nuevo: no lo sabía". Y eso debería reflejarse también en nuestro arte, un arte que no solo entretiene, sino que asume su vocación.

En el siglo XX, Inglaterra perdió prácticamente todas sus colonias, Kenia entre ellas. Pero ahora estamos conectados globalmente y más cerca unos de otros que nunca. En esta aldea global en la que vivimos, la necesidad está al cruzar la calle, pero nuestra compasión no puede ser menor por aquellos que están a 10.000 kilómetros de distancia. Somos responsables de Jerusalén, pero también de lo último de la Tierra. Y no en ese orden, sino simultáneamente. Y hoy, aún más, con la red que nos une a todos.

Porque seguimos soñando con aquella ciudad-jardín que nos muestra el horizonte de Apocalipsis y que ha inspirado a tantos artistas, músicos y teólogos como San Agustín, a no conformarse a este mundo. Lo que me recuerda a mi músico-teólogo favorito del siglo XX y lo que llevamos del XXI: Bono, de U2. Porque él sigue apostando por una ciudad donde las calles no tienen nombre.

Y así, volvemos como sin querer al arte.

HOW LONG TO SING THIS SONG?

Esperé pacientemente al Señor
Él se inclinó y escuchó mi clamor
Y me hizo sacar del pozo
Fuera del lodo cenagoso

Voy a cantar, a cantar una nueva canción

Fragmento de "40", de U2, inspirada en el Salmo 40

Bono, el líder de la banda de rock irlandesa U2, se paró enfrente de la élite política norteamericana para hablarles acerca del proyecto que había asumido en primera persona para condonar la deuda externa a los países más pobres, sobre todo en África. Se trataba del famoso "Desayuno de Oración Nacional" de febrero de 2006 que se celebraba, como cada año, en Washington DC. Para ello, extrajo textos bíblicos de Deuteronomio, habló de Jesús, de Lucas 4, y con una extraordinaria soltura "predicó" frente a mucha de la gente más poderosa de EEUU.

Pero no era la primera vez que predicaba. Siendo más joven, este irlandés estaba acostumbrado a leer la Biblia y a compartirla con otros jóvenes en grupos pequeños de estudio en Dublín. Como cristiano ferviente, armó una banda de rock, donde expresaba su fe sin complejos.

Estuvo envuelto en varios movimientos cristianos protestantes, algunos de corte carismático. Y siempre con la Biblia en el centro de su vida. *The Edge*, uno de los miembros de la banda, afirmaba que su fe era la rebelión verdadera, no el estilo de su *rock and roll*. Pero eran difíciles de catalogar. No querían formar parte de la industria cristiana, y "guetizarse" como ocurrió con otros grupos de la época. Su enfoque estaba hacia afuera, pero encontraron oposición dentro de sus propias filas. Les hacían "recomendaciones" para alejarse del llamado que tenían, porque era peligroso.

Su sinceridad, sus dudas, su pasión, se veían reflejadas en cada uno de sus álbumes, tanto en sus primeros discos como *Boy* u *October*, pasando por *The Joshua tree* (el árbol de Jesús), *How to dismantle and atomic bomb*, *No line on the horizon*, hasta sus últimos lanzamientos, *Songs of innocence* y *Songs of experience*.

The Edge defendía su postura como banda desde el principio: "La fe y el espíritu de la banda sigue siendo el mismo. Pero tengo cada vez menos tiempo para el legalismo. Ahora veo lo que es vivir una vida de fe".

Triunfaron en muchos aspectos, y algunas veces se equivocaron, pero mantenían viva la llama de su relación con Jesús. Bono (su verdadero nombre es Paul David Hewson), en su vida privada, rompe con todos los estereotipos de lo que se esperaría de un *rockstar*. Es un hombre de familia y con su mujer Eli y sus hijos suelen orar y leer la Biblia juntos.

África es muy grande. En un viaje a Etiopía junto a su mujer, algo cambió en su corazón. Él lo cuenta así:

"Solía levantarme por las mañanas. Dormíamos en una tienda de campaña. Y cuando la niebla se levantaba, a lo largo de las colinas, veías decenas de miles de personas que habían tenido que caminar toda la noche para obtener alimentos".

Al ver la necesidad comenzó a implicarse en proyectos sociales. Participaba en conciertos benéficos para favorecer a los países más necesitados, pero se daba cuenta de que era insuficiente. Por cada dólar recaudado para un país de este continente, nueve dólares iban desde ese país a pagar la deuda externa que tenían. Y la deuda seguía creciendo. Por mucho esfuerzo que se hiciera, el problema parecía infinito y no dejaba de agravarse.

EL ARTE TIENE UNA PLATAFORMA QUE DEBEMOS APROVECHAR PARA HACER JUSTICIA

Como cuando, en el *slum* en Mathare, se podía ver que sacaban a un niño de la pobreza, pero ya había nueve en camino para sustituirle, de tal forma que la única esperanza era sacarlos de aquel contexto con un problema estructural "imposible" de cambiar. Esas deudas nacionales multimillonarias eran inasumibles. Deudas de los "padres" hacia los hijos, que heredaban como país: una condena para siempre. Y todo esto tiene mucho que ver con las colonias, con el Imperio británico y otros, durante la época del imperialismo y con los fratricidios que se han dado y se siguen dando en este continente.

Así que Bono, inspirado en el Jubileo judío que las Escrituras enseñan, propuso condonar la deuda de muchos de los países de África. El proyecto se llamaba "Jubileo 2000". Según la ley del pentateuco, cada siete años, los esclavos debían ser liberados, y cada cuarenta y nueve años se debían perdonar todas las deudas, para poder empezar de cero. Esta justicia social que la Biblia plantea fue un mensaje muy potente que llegó hasta la Casa Blanca, pasando por la Universidad de Harvard, el Vaticano, Larry King y todas las puertas a las que Bono pudo llamar, impulsado por su fe, pero gracias a su arte.

Jesús proclamó en Lucas 4 el año de Jubileo leyendo el texto de Isaías. Bono se limitó a seguir sus pisadas y proclamar el "año agradable del Señor", el jubileo.

El arte, lo queramos o no, tiene una plataforma y una visibilidad injustamente merecida, pero que debemos aprovechar para hacer justicia. Así lo hizo Bono, y consiguió muchísimo, se perdonaron algunas deudas externas de países en África, aunque todavía la carrera no ha terminado. Seguimos proclamando las buenas noticias a "todas las naciones".

Él sigue siendo de inspiración para muchos creyentes de renombre, como Eugene Peterson, Bill Hybells o el compositor Michael W. Smith. En sus conciertos suele tomarse tiempos para orar, para recitar salmos, como el 116 que Jesús cantó en su última noche según Marcos 14:26. Algunos de los versos de ese salmo que Bono suele recitar en público son:

"Y ahora, ¿cómo puedo pagarle al Señor por tanta bondad que me ha mostrado? Levantaré una copa como símbolo de su salvación y alabaré su nombre por haberme salvado". [63]

Y después canta su famosa canción *Where the streets have no name*, que habla de una nueva ciudad, que se está construyendo, cuyo fundamento es el amor. La ciudad de Dios.

OXFORD

El Señor es mi luz y mi salvación; ¿a quién temeré? El Señor me protege del peligro, ¿quién podrá amedrentarme? Salmo 27:1
"Dominus illuminatio mea" (El Señor es mi luz). Lema de la universidad de Oxford.

La universidad es un espacio donde las semillas culturales nacen y crecen. Son un ecosistema que tiene todos los ingredientes para generar movimientos artísticos, científicos y sociales. El contexto académico es fundamental para cualquier brote cultural. Desde la Reforma Protestante, que comenzó cuando un profesor de Teología llamado Martín Lutero hizo una convocatoria para discutir sus noventa y cinco tesis, pasando por la universidad de la Sorbona que en mayo del 68 transformó la manera de pensar del mundo entero, a Harvard, Cambridge, Oxford...

63- Salmo 116:12-13

Y sí. Las universidades, como los hospitales, nacen de la cosmovisión cristiana. Su nombre deriva del latín, *universitas magistrorum et scholarium*, que básicamente significa "una comunidad de maestros y académicos. Una comunidad.

En realidad, al inicio eran gremios medievales, como los de los artesanos. Tenían libertad académica y otorgaban títulos. Al principio eras un aprendiz y luego ibas ascendiendo de categoría. Fueron creadas por monjes cristianos durante la baja Edad Media. Muchas de las universidades se desarrollaron de las escuelas catedralicias y monásticas que se formaron desde el siglo VI d. C. Por eso hoy en día todavía tenemos "catedráticos".

Oxford es un ejemplo de ello. Fundada en 1096, fue la primera universidad del mundo de habla inglesa que, bajo los principios del cristianismo, pretendía traer luz a la sociedad, generar un espacio de reflexión libre para el progreso cultural, social y científico. Y también, por supuesto, teológico. Fruto de este contexto surgieron muchos de los políticos más influyentes de Inglaterra y del mundo, artistas, escritores, y científicos. El vaivén de conocimientos y de diálogo es tal, que es imposible que no se avance.

LAS UNIVERSIDADES, COMO LOS HOSPITALES, NACEN DE LA COSMOVISIÓN CRISTIANA

La universidad nos ayuda a entender el universo, es una comunidad extraordinaria donde crecer y desenvolvernos como creyentes. La Iglesia debe recuperar su pasión por lo académico en este sentido; no solamente por el estudio, sino por la convivencia que genera, por las relaciones que se crean entorno a propósitos comunes; trabajando por la formación del presente y el futuro de la Iglesia en todas las áreas, haciendo de los jóvenes misioneros de la verdad, de la belleza y de la justicia. De Jesús. Con un discipulado integral.

En aquellas universidades no solo se estudiaba, también se vivía, se discutía, se dormía. Se compartía. Que nuestras iglesias puedan ser así quizá sea un sueño, o una utopía. Por eso, debemos continuar hacia allá.

La Iglesia debe tener ese ambiente también, recordando su identidad como comunidad creativa. Pero sin diálogo, sin libre reflexión, es muy difícil serlo. No solo siendo comunidad de fe, sino también comunidad de duda. Como los apóstoles, que lo adoraban en Mateo 28, aunque algunos dudaban. Y aprovechar las incógnitas de la vida para buscar respuestas creativas. Teniendo distintas "escuelas" dentro de una misma comunidad, para nutrirnos unos a otros.

La universidad es un regalo de Dios para el mundo, como la Iglesia. De hecho, es una extensión de ella, del reino de Dios, de la ciudad de Dios. No es un terreno enemigo, es, de nuevo, un campo de misión. ¡Y hay muchos libros!

El lema de la universidad de Oxford sigue siendo: "El Señor es mi luz". Recordar este legado del área del conocimiento es fundamental. Acerquémonos sin complejo ni miedos a las nuevas propuestas que desde las universidades se hacen y seamos abanderados del mensaje de Jesús en ellas. ¿A quién temeré? ¿Quién podrá amedrentarme?

El Señor es mi luz. Ese es nuestro lema.

LA MENTE CIENTÍFICA

Supongo que ganar un premio Nobel en ciencias no debe ser fácil. Ganar dos, me parece una auténtica proeza. Y ganar dos y además en campos distintos del saber me parece imposible. Y que tu hija y tu yerno ganen otro después de ti es casi una broma. Permíteme presentarte a la primera y única persona que lo consiguió. Fue, sin duda, una eminencia de la ciencia.

De origen polaco, su padre era profesor de enseñanza de Física y Matemáticas y su madre maestra, pianista y cantante. Pero se decantó por el oficio de su padre. Se trasladó muy joven a París, donde se licenció en Física en la Sorbona como número uno de su promoción, y al año siguiente en matemáticas.

Pierre y su mujer, Maria Salomea, fueron galardonados con el premio Nobel de física en 1903 gracias a sus investigaciones. Al principio, la academia se negó a entregárselo a María, pero Pierre les dijo que él no lo recibiría si no se reconocía el trabajo de su mujer, así que se lo otorgaron con justicia a los dos.

Tres años más tarde, Pierre Curie falleció en un accidente, y María ocupó su cátedra de física en la Sorbona. Fue la primera mujer en ostentar este cargo. Siguió con sus propias investigaciones y en 1910 escribió su *Tratado de la radioactividad*. En 1911 obtuvo su segundo Nobel, esta vez en química, por el descubrimiento y aislamiento de dos nuevos elementos: el radio y el polonio (en honor a su patria).

La eminencia de la que te hablaba es Marie Curie, que es como la conocemos hoy. Hizo historia, pero no se lo pusieron nada fácil.

Cuando, junto a Pierre, recogió el Nobel en 1903, que compartieron con Henri Becquerel, el presidente de la Academia Sueca citó la Biblia: *"No es bueno que el hombre esté solo; le haré una ayuda idónea para él"*, [64] queriendo desprestigiar la aportación de Marie a la investigación como una simple ayudante.

Es muy interesante que, si analizamos estos pasajes del Génesis, descubriremos que la mujer es ayuda idónea para el hombre, en hebreo "ezer", en el mismo sentido en que Dios es ayuda idónea para el ser humano. Así que, en realidad, queriendo humillar a Marie, la estaba alabando sin saber.

LA IGLESIA DEBERÍA SER UN EJEMPLO DE ESPACIO DONDE PODAMOS DESCUBRIR NUESTROS DONES PARA EL BIEN COMÚN

"A imagen de Dios los creó".[65] A ambos. Marie Curie es un ejemplo extraordinario de superación humana de la adversidad, de estudio disciplinado y de investigación creativa. Y, además, como Bach, un ejemplo de madre extraordinaria. Su hija Irene junto a su yerno Frederic, fueron también galardonados con el Nobel de Química por el descubrimiento de la radioactividad artificial, un año después de que Marie falleciera a causa de la prolongada exposición a la radiación. Se dejó su salud en sus investigaciones, en aquel momento todavía se desconocían los efectos secundarios de la radiación, pero su vida cambió el mundo.

A veces, nuestras limitaciones por nuestra condición social, política o cultural han impedido que podamos demostrar todo nuestro potencial. Por eso, la Iglesia debería ser un ejemplo de espacio donde podamos descubrir nuestros dones para el bien común. Sin encasillar a la gente a priori, ya sea por ser hombre o mujer, empresario o empleado, inmigrante o nacional. ¡Quién sabe cuánto nos estamos perdiendo por jugar demasiado con los estereotipos!

Es cierto, somos equipos, equipos productivos, pero como artesanos, debemos ser sabios y dar las "oportunidades oportunas", si no, estaremos perdiendo mucha expresión de creatividad en el camino. Ya sea en las artes, en las ciencias o en la justicia.

Por eso, parte de nuestra tarea es ayudar a transformar los corazones. Como la propia Curie escribió:

---

64 - Génesis 2:18 RVR95
65 - Génesis 1:27 RVR95

"No podemos construir un mundo mejor sin mejorar a los individuos; con este propósito, cada uno de nosotros debe trabajar su propio perfeccionamiento, aceptando, en la vida general de la Humanidad, su parte de responsabilidad, ya que nuestro deber particular es el de ayudar a quienes podemos ser útiles".

Ayuda idónea (¡!). Sus aportaciones fueron extraordinarias. Gracias a su descubrimiento del radio, se pudo posteriormente comprobar la estructura del átomo con todas las consecuencias que ello tuvo para repensar toda la física moderna. Y también, aplicado a la medicina, ayudó a sanar a muchas personas de cáncer.

En 1913 recibió en una ocasión la visita de un joven de treinta y cuatro años llamado Albert Einstein que estaba deslumbrado por sus investigaciones y descubrimientos. En 1914 se inauguró el Instituto del Radio, avalado por el instituto Pasteur (todo está conectado), hoy instituto Curie, donde se llevarían a cabo investigaciones en química, física y medicina. Ese año comenzó la Primera Guerra Mundial y Marie Curie diseñó unidades móviles de radiografía para asistir a los heridos en la guerra... toda una heroína ejemplar.

Su segunda hija, Ève Denise, fue periodista, pianista y activista por los derechos de los niños y escribió una biógrafa de su madre, *Madame Curie*, que fue éxito en ventas.

Su "radio" de acción nos alcanzó a todos y fue sin duda, una eminencia de la ciencia.

DESCARGA gratis un Bonus de este capítulo
en: **www.e625.com/artesano**

EPÍLOGO

(Del griego epílogos: conclusión. Epi: sobre, logos: discurso o palabra)

Llegar hasta aquí habrá sido toda una proeza. Te felicito. Los finales de los libros son como un aterrizaje. Una parte delicada. El sabor de boca que te quedará después de absorber estas últimas páginas puede modificar tu opinión de todo lo demás. En psicología esto se conoce como el efecto recencia.

El buen vino no solo sabe bien, sino que te deja en los labios, la lengua y el paladar sensaciones agradables al final. Los expertos hablan de sabores afrutados, roble, que tiene cuerpo, que es amable. Me pierdo en las metáforas de los enólogos. Solo sé que Jesús dejó el mejor vino para el último momento de la boda, una explosión de sabores extraordinaria, y todos recordaron esa celebración como apoteósica. Y solo fue su primera señal.

LA IGLESIA ES UN MOVIMIENTO IMPARABLE

No creo que pueda hacer lo mismo, pero aquí vamos.

De alguna manera, casi milagrosa, hemos conectado nuestros pensamientos y has explorado mis ideas, el lugar donde vivo a diario, mi hogar de significados y he intentado ser lo más hospitalario posible. Estar juntos es una gracia de Dios, un regalo inmerecido, decía Bonhoeffer. Pero debemos volver a estar solos. Dejar ir.

Siempre me acuerdo de Jesús y sus palabras enigmáticas: *"... les conviene que me vaya..."*

Hubiese esperado de Él cualquier frase menos esa. ¿Cómo me va a convenir que Jesús se vaya? ¿No es mejor que esté conmigo?

Debo dejarle terminar la frase:
"... porque si no lo hago, el Consolador no vendrá a ustedes; en cambio, si me voy, yo se lo enviaré." [66]

---

66 - Juan 16:7

Él quería dejarnos para empoderarnos y asumiéramos el reto de seguir sus pisadas. No siendo ya Emmanuel, Dios con nosotros, sino el *Parakleto*, el Espíritu Santo, Dios en nosotros. Seguirle, siendo enviados.

Voy a soltar *Artesano* y dejarlo ir, es mi pan echado a las aguas. No sé dónde llegará. Me gustaría comisionarlo, pero no sé si eso se puede hacer con un montón de papeles. Pero si lo estás leyendo, al menos ha llegado hasta ti. Y mi presente, el que tengo en este momento en el que escribo las últimas letras, se conecta con el tuyo mientras las lees, como si no hubiese espacio ni tiempo en medio. Así es la palabra. ¿Habrán pasado meses?, ¿años?, ¿qué estaré haciendo yo en tu ahora? Pero debemos dejarnos ir, ¿qué ocurrirá después?, ¿habrá servido para algo? Tengo fe en que sí.

La Iglesia es un movimiento imparable y, para mí, formar parte de ella, contigo, seas quien seas, es una aventura genial.

Hemos ido en muchas direcciones y desde el comienzo te he dejado claro que no iríamos en línea recta. Un paseo es un paseo. Nuestro cerebro es una red de múltiples interconexiones, no va en línea recta. Nuestro libro sagrado tampoco va en línea recta. Comienza con el Génesis, un jardín y un árbol, un pueblo que crece y llega a Egipto, luego expone un montón de leyes y después el libro de Josué y los Jueces. Cuenta la historia de los primeros reyes y vuelve a repetir la misma historia de muchos más reyes desde dos ángulos. Pero luego hace saltos en el tiempo, introduce libros de poemas, y luego habla de profecías que no sabes muy bien situar en el tiempo de profetas que se habían mencionado aquí y allá en los libros históricos de esos reyes y que no acabamos de entender. ¿Dónde va cada uno de estos volúmenes?

De repente aparece Jesús y te cuentan la misma historia ¡cuatro veces!, desde ángulos distintos y, a continuación, viene un apéndice de la tercera historia que nos habían presentado, que es la historia de la Iglesia al principio. Y después un montón de cartas que tampoco sabemos muy bien dónde situarlas en ese apéndice. Y al final salta en el tiempo, o algo así, para contarnos una historia que ya ha ocurrido, pero todavía no. Toda no. Y te encuentras con un árbol que estaba allí esperándote desde los primeros párrafos del Génesis, pero ahora rodeado de una ciudad-jardín. Y terminamos el viaje donde lo empezamos. Es un camino montañoso, escarpado, con altibajos, con luces y sombras, a veces confuso, con sendas donde parece que te has perdido, pero si hubieses ido en línea recta no habrías disfrutado gran parte del paisaje, y ya no hubiese sido una aventura. No me negarás que **la Biblia es Bella.**

Pero ponerla en práctica es otra cosa. Mi vida y este mundo en el que vivo es un conjunto de realidades y contradicciones. De múltiples historias que se entrecruzan, pero que juntas hacen un **collage** maravilloso, con pedazos rotos, sí, pero que juntos, tienen sentido, desde los ojos del Artista.

Y ese artista, Jesús de Nazaret, es la razón de todo. Es el detonante de la creatividad, y su gran obra maestra: su vida, su muerte y su resurrección, cambiaron el panorama de nuestra existencia. Con su **performance, arte en vivo**, nos enseñó a ser artesanos. A no conformarnos con simples cambios superficiales, sino a ahondar en nuestras experiencias, y a hacer arte en serio, distinguiendo entre **ética y estética.**

Dicen que los buenos ejemplos son muy pedagógicos, así que te quise hablar largo y tendido de uno de mis héroes personales, un hermano en la fe, Bach. Espero que, como yo, a partir de ahora puedas disfrutar también de **la música del hermano Juan.**

CADA UNO DE NOSOTROS NACIÓ PARA SER UN ARTESANO

Pero el arte y la Iglesia se ha impregnado de individualismo. Y creo que nos estamos perdiendo la mejor parte: el poder crear juntos, amarnos los unos a los otros. Y así, poder enamorarnos de esa idea divina que es la Iglesia y que podríamos redescubrir, no solo como un local, como un movimiento, una religión, un proyecto meramente social, o una actividad más que realizar, sino como una **comunidad creativa.**

Y, ¿sabes?, he querido bañar, inundar, empapar, este libro de **narrativas**. No de dogmas ni de "deberes". Creo firmemente que vivimos en la historia de Dios, contada por Dios y que hay otras narrativas que pretenden engañarnos y hacernos ver que la historia es otra. Nuestra tarea es presentar esa narrativa a los demás y hacerles partícipes de ella, bautizarlos, que se empapen con nuestras propuestas de la "Palabra de Dios", las palabras de Dios, lo que Él cuenta. Su narración. Rodeemos este mundo de su historia a través de nuestro arte y creatividad.

Para ello necesitaremos mucha **imaginación y fe.** Estos regalos divinos apuntan hacia Él constantemente. Como artistas no podemos dejarlos de lado jamás. Lewis y Tolkien no lo hicieron, e influenciaron a muchos con sus historias, al menos a mí.

No solamente escribo para artistas, en el sentido estricto de la palabra, porque creo que en el **arte de la ciencia y la justicia** también necesitamos personas con vocación y con creatividad. Todos juntos, como uno, pero en la diversidad, en las distintas esferas de la sociedad, porque podemos impregnarlas del amor, la fe y la esperanza que cambia culturas, sociedades, naciones y, sobre todo, corazones, personas.

Artistas, eso es lo que somos, que soñamos junto a Dios para hacer Su sueño realidad; un sueño de salvación, de gracia y restauración. Porque, al fin y al cabo, cada uno de nosotros nació para ser un **artesano**.

Pero nos conviene separarnos, al menos por ahora. Hay tarea que hacer. La mies es mucha. Si hemos sembrado algo juntos, quizá otro deba regarlo. Otro libro, otra persona. No sé. Pero el proceso es lo importante. El crecimiento, que lo da Dios (1 corintios 3:6), es lo que marca el rumbo. *Artesano* quizá solo sea un pequeño punto en ese precioso camino o cuadro que es tu vida. Solo te pido que, si hay otros puntos en ti, otros trazos, los conectes con todo lo que hemos visto y oído juntos. Lo que hemos palpado. Y que puedas crecer, y crear.

He querido compartir contigo un vaso de agua, refrescar tu vida un poco, acompañarte unos pasos en tu andar, en nuestro seguimiento común de Jesús, compartir y compartirme. Si Jesús lo convierte en vino para ti, será un milagro suyo, no mío. Si no, al menos sé que te calmé un poco la sed.

Él siempre estará por delante como artesano, nada es imposible para él y si Jesús fue capaz de transformar el agua en vino, quizá pueda transformar estas páginas en un árbol.

El árbol de la vida.

Bibliografía

Bibliografía:

-Banks, Robert. La idea de comunidad de Pablo. CLIE. Viladecavalls, Barcelona, España, 2011. (Paul´s idea of community, 1994).

-Bell, Rob. Una obra de arte original. Editorial Vida. Miami, Florida, 2010. (Velvet Elvis, 2005, Zondervan. Grand Rapids, Michigan).

-Bonhoeffer, Dietrich. Vida en comunidad. Ediciones Sígueme. Salamanca, España, 2003. (Gemeinsames Leben, 1979).

-Bonhoeffer, Dietrich. El precio de la gracia, el seguimiento. Ediciones Sígueme. Salamanca, España,1999. 5ª edición. (Nachfolge, 1937).
-Card, Michael. Escritos en la arena. Editorial Unilit. Miami, Florida, 2004. (Scribbling in the sand, 2002).

-Carson, Donald A. Amordazando a Dios. Publicaciones Andamio. Barcelona, España, 1999. (The gagging of God, 1996).

-Crouch, Andy. Crear cultura. Editorial Sal Terrae. Maliaño, Cantabria, España, 2010. (Culture making. Recovering our creative calling, 2008).

-Dawkins, Richard. The Selfish Gene. Oxford University press. England, 1976.

-Follis, Bryan A. La verdad con amor. Editorial Patmos. 2010. (Truth with Love, 2005).

-Gonzalez, Justo L. Culto, cultura y cultivo. Ediciones Puma. Lima, Perú, 2014.

-Guiness, Os. Renacimiento. Publicaciones Andamio. Barcelona, España, 2016. (Renaissence, 2014).

-Han, Nyung-chul. La sociedad de la transparencia. Herder editorial. Barcelona, España, 2013, 7ª impresión. (Transparenzgessellschaft, 2012).

-Hirsch, Alan. Caminos Olvidados. Missional Press, 2009.

-Jeremias, Joachim. Teología del Nuevo Testamento. Ediciones Sígueme. Salamanca, España, 1973. (Neutestamentliche Theologie I. 1971).

-Keller, Timothy. Iglesia Centrada. Editorial Vidal. Miami, Florida, 2012. (Center church, 2012).

-Küng, Hans. Ser cristiano. Editorial Trotta. Madrid, España, 2012, 5ª edición. (Christ sein, 1974).

-Lewis, C. S. Cartas del diablo a su sobrino. Ediciones Rialp. Alcalá, Madrid, España, 2016, 19ª edición. (The screwtape letters, 1942).

-Lewis, C. S. Mero cristianismo. Ediciones Rialp. Alcalá, Madrid, España, 2005, 4ª edición. (Mere christianity, 1942).

-Lewis, C. S. Las crónicas de Narnia: El león, la bruja y el armario. Ed. Destino Infantil & Juvenil. Barcelona, 2005. (The chronicles of Narnia: The lion, the witch and the wardrobe,1950).

-Lohfink, Gerhard. Jesús de Nazaret, qué quiso, quién fue. Herder editorial. Barcelona, España, 2013. (Jesus von Nazaret, Was er wollte, wer er war, 2012).

-Mangalwadi, Vishal. El libro que dio forma al mundo. Grupo Nelson, nashville, Tennessee, 2011. (The book that made your world, 2011).

-Manning, Brennan. Todo es gracia. Editorial Peniel. Buenos Aires, Argentina, 2016. (All is grace, 2011).

-McGrath, Alister. C. S. Lewis, su biografía. Ediciones Rialp. Alcalá, Madrid, España, 2014. (C. S. Lewis - A life, 2014)

-McManus, Erwin Raphael. Una fuerza incontenible. Editorial Unilit, Miami, Florida, 2009. (An unstoppable force, 2001).

-Mitchell, Craig. Filosofía y filósofos. Editorial Vida. Miami, Florida, 2009. (Chart of philosophy and philosophers, 2007).

-Moltmann, Jürgen. El Dios crucificado. Ediciones Sígueme. Salamanca, España, 2009. (Der gekreuzigte Gott, 1972).

-Ortega y Gasset, José. Unas lecciones de metafísica. México, 1998. 4ª Edición.

-Peterson, Eugene H. Así hablaba Jesús. Editorial Patmos. Miami, Florida, 2012. (Tell it slant, 2008).

- Plazaola, Juan. La iglesia y el arte. Biblioteca de autores cristianos. Madrid, España, 2001.

-Rookmaker, Hans R. Arte moderno y la muerte de una cultura. Publicaciones Andamio. Barcelona, España, 2002. (Modern art and the death of a culture, 1970).

-Rookmaker, Hans R. El arte no necesita justificación. Publicaciones Andamio. Barcelona, España, 1995. (Art needs no justification, 1978).

Bibliografía:

-San Agustín. La ciudad de Dios. Impreso en Inglaterra por Amazon.

-San Agustín. Confesiones. Rocha ediciones. Madrid, España, 1972.

-Schaeffer, Francis A. Arte y Biblia. Ediciones Evangélicas Europeas, Barcelona, España, 1974. (Art and the Bible, 1973).

-Schaeffer, Francis A. Huyendo de la razón. CLIE. Viladecavalls, Barcelona, España, 2007. Escape from reason, 1968).

-Stockman, Steve. U2 El peregrinaje espiritual. Arson Books. Buenos Aires, Argentina, 2006. (Walk On, 2005).

-Stott, John. El sermón del monte. Ediciones Certeza. Capital Federal, Buenos Aires, 1998, 2ª edición. (Christian Counter-culture, 1978).

-Svensson, Manfred. El pensamiento de C. S. Lewis. Más allá de la sensatez. Editorial CLIE. Viladecavalls, Barcelona, España, 2011.

-Tolkien, J. R.R. El señor de los anillos. Editorial Planeta. Barcelona, España, 2016, 23ª
impresión. (The lord of the rings, 1966).

-Tolkien, J. R. R. El hobbit. Ediciones Minotauro. Barcelona, España, 1996, 6ª impresión. (The hobbit, 1937).

-Turnau, Ted. Pop-ológética. Publicaciones Andamio. Barcelona, España, 2016. (Popologetic, 2012).

-Viola, Frank. ¿Paganismo en tu cristianismo? Editorial Vida. Miami, Florida, 2011. (Pagan Christianity?, 2007).

-Willard, Dallas. La divina conspiración. Editorial Peniel. Buenos Aires, Argentina, 2013. (The divine conspiracy, 1997).

-Wright, Christopher J. H. La misión de Dios. Publicaciones Andamio. Barcelona, España, 2009.

-Wright, N. T. Simplemente cristiano. Editorial Vida. Miami, Florida, 2012. (Simply christian, 2006).

-Wright, N. T. Sorprendidos por la esperanza. Convivium press. Miami, Florida, 2011.

-Yancey, Philip. El Jesús que nunca conocí. Editorial Vida. Miami, Florida, 1996. (The Jesus I never knew, 1995).

-Zapata, Junior. Elvis, Pitágoras y la historia de Dios. Editorial Vida. Miami, Florida, 2013.

ALGUNAS PREGUNTAS QUE DEBES RESPONDER:

¿QUIÉN ESTÁ DETRÁS DE ESTE LIBRO?

Especialidades 625 es un equipo de pastores y siervos de distintos países, distintas denominaciones, distintos tamaños y estilos de iglesia que amamos a Cristo y a las nuevas generaciones.

e625.com

¿DE QUÉ SE TRATA E625.COM?

Nuestra pasión es ayudar a las familias y a las iglesias en Iberoamérica a encontrar buenos materiales y recursos para el discipulado de las nuevas generaciones y por eso nuestra página web sirve a padres, pastores, maestros y líderes en general los 365 días del año a través de **www.e625.com** con recursos gratis.

zona de contenido
PREMIUM

¿QUÉ ES EL SERVICIO PREMIUM?

Además de reflexiones y materiales cortos gratis, tenemos un servicio de lecciones, series, investigaciones, libros online y recursos audiovisuales para facilitar tu tarea. Tu iglesia puede acceder con una suscripción mensual a este servicio por congregación que les permite a todos los líderes de una iglesia local, descargar materiales para compartir en equipo y hacer las copias necesarias que encuentren pertinentes para las distintas actividades de la congregación o sus familias.

¿PUEDO EQUIPARME CON USTEDES?

Sería un privilegio ayudarte y con ese objetivo existen nuestros eventos y nuestras posibilidades de educación formal. Visita **www.e625.com/Eventos** para enterarte de nuestros seminarios y convocatorias e ingresa a **www.institutoE625.com** para conocer los cursos online que ofrece el Instituto E 6.25

¿QUIERES ACTUALIZACIÓN CONTINUA?

Regístrate ya mismo a los updates de **e625.com** según sea tu arena de trabajo: Niños- Preadolescentes- Adolescentes- Jóvenes.

¡APRENDAMOS JUNTOS!

e625.com   👤 🐦 📷 ▶️ /**e625**COM

INSTITUTO e625

CAPACITACIÓN MINISTERIAL ONLINE DE PRIMER NIVEL

CONOCE TU CAMPUS ONLINE

www.institutoE625.com

Sé parte de la mayor
COMunidad de
educadores cristianos

Sigue en todas tus redes a
🅕 🅣 🅞 🅞 /e625COM

¡**Suscribe** a tu iglesia **para descargar** los mejores recursos para el **discipulado** de **nuevas generaciones**!

zona de contenido PREMIUM

SUSCRIPCIÓN POR IGLESIAS

Libros, Revista, Audios, Lecciones, Videos, Investigaciones y más

e625.com/premium

Educación online
www.institutoe625.com

Escuela de **Liderazgo**
GENERACIONAL Y COACHING

Libros Online

Revista **Líder 6·25**

CONOCÉ TU NUEVO CAMPUS ONLINE
www.institutoE625.com

Tienda con envíos internacionales

Suscripción de **materiales premium** para iglesias

www.e625.com te ofrece **recursos gratis**

Seminarios para iglesias locales

Chat en tiempo real

Eventos de **actualización** ministerial

E625 te ayuda todo el año